*Voller Apfel, Birne und Banane,*
*Stachelbeere... Alles dieses spricht*
*Tod und Leben in den Mund... Ich ahne...*
*Lest es einem Kind vom Angesicht,*

*wenn es sie erschmeckt. Dies kommt von weit.*
*Wird euch langsam namenlos im Munde?*
*Wo sonst Worte waren, fließen Funde,*
*aus dem Fruchtfleisch überrascht befreit.*

*Wagt zu sagen, was ihr Apfel nennt.*
*Diese Süße, die sich erst verdichtet,*
*um, im Schmecken leise aufgerichtet,*

*klar zu werden, wach und transparent,*
*doppeldeutig, sonnig, erdig, hiesig –:*
*O Erfahrung, Fühlung, Freude –, riesig!*

Aus: R. M. Rilke, Sonette an Orpheus, XIII (1922)

# inhalt

Foto: WDNAR
Stockfoto-ID: 517750492

# Liebe Leserinnen und Leser,

Jeden Tag vollziehen wir mehrmals, ohne es recht zu bemerken, einen der erstaunlichsten Wandlungsvorgänge, den es gibt: Die Nahrungsaufnahme, die Verwandlung der materiellen Elemente der Natur in Körper, Leben, Seele und Geist.

Die alten Alchemisten staunten auch darüber und hofften, diese Prozesse, die sie in der Natur bei den Pflanzen, Tieren und Menschen vorfanden, nachbilden, beschleunigen und zu ihrer höchsten Entwicklung bringen zu können. „Quod natura relinquit imperfectum, ars perficit" – Was die Natur begonnen, aber nicht vollendet hat, sollte die Kunst der Alchemie, der Wissenschaft, zur Perfektion bringen.

„Solve et coagula": „Löse und verbinde" war dabei ihr zentraler Leitgedanke. Aus einem meist minder bewerteten Ausgangsmaterial, das im „Dreck der Straße" („in stercore invenitur") gefunden wurde, der „prima materia", sollte durch einen fortwährenden, langwierigen und oft gefährlichen Vorgang der Analyse und Synthese, die Allem zugrundliegende Ur-Energie der vier Elemente – der Erde, dem Feuer, dem Wasser und der Luft – extrahiert und zum „lapis philosophorum", dem „Stein der Weisen" transformiert werden.

Diese eigentlich naheliegenden Fantasien bilden bis heute die Grundlage vieler Wissenschaften, z. B. der Chemie, der Physik, der Biologie, der Genetik, der Pharmakologie, der Medizin und – wie C. G. Jung dargestellt hat – der Religion, Philosophie und Psychologie. Der „Stein der Weisen" sollte ja nicht nur Gesundheit und langes Leben bringen, sondern eben auch geistige Reife, Bewusstheit und Weisheit.

Während wir heutigen Nachfolger der Alchemisten in den Naturwissenschaften die Bausteine der Materie und des Lebens relativ gut bis auf atomarer, molekularer und genetischer Ebene analysiert haben und bereits beginnen, diese Vorgänge zu clonen, scheint es mit dem „wahren Gold" der philosophischen Alchemisten in den modernen Geistes- und Sozialwissenschaften noch nicht so weit her zu sein.

Psychologie und die kognitiven Wissenschaften, die dazu die notwendigen Hilfsmittel bereitstellen könnten, stecken noch in den Kinderschuhen. Und die Philosophie, die „Liebe zur Weisheit", scheint von den akademischen Wissenschaften fast schon vergessen zu sein.

Was können wir tun? „Staunen ist der Anfang der Weisheit" – für Platon und Aristoteles begann alle Philosophie mit dem Staunen, einem Staunen, das Dinge, die wir allgemein als selbstverständlich und wenig beachtenswert ansehen, mit tieferer Aufmerksamkeit und Bewusstheit zu betrachten beginnt.

Das wäre doch auch für uns schon mal ein guter Anfang. Nicht nur einfach „unbewusst Dahinleben" und „nicht wissen, was wir tun", sondern uns des Wunders des Lebens, an dem wir in jedem Augenblick teilhaben, bewusst werden: dem Wunder unseres Lebendigseins, der geheimnisvollen Elemente Erde, Wasser, Luft, Feuer,/Licht, aus denen wir bestehen, dem Wunder unseres Körpers und dem komplexen Wechselspiel unserer Organe untereinander wie mit der Umwelt und schließlich dem Wunder unseres kreativen, geistigen Potenzials und unseres Bewusstseins.

Unsere Menschwerdung ist untrennbar verbunden mit dem Zusammenspiel von körperlichen und geistigen Prozessen, die wir aber nicht wirklich voneinander trennen können.

In unserer Evolution spiegelt sich das geradezu beispielhaft: Die Entwicklung unseres Körpers, unserer Wahrnehmung, Sprache und Kognition ist ohne die Entwicklung unseres aufrechten Gangs und unserer handwerklichen Fähigkeiten nicht denkbar.

Das Freiwerden unserer Hände durch den aufrechten Gang, die Entwicklung des den anderen Fingern gegenüberstehenden Daumens, die Koordination von Blick und Hand sind evolutionspsychologisch betrachtet zentrale Voraussetzungen zur Entwicklung von materiellen und kulturellen Werkzeugen, von Technik, Kunst, Sprache, Kognition und Bewusstsein. Das Bewahren, Schützen und Transportieren und schließlich das selbstständige Erzeugen des Feuers ermöglichten den frühen Menschen eine effiziente Kontrolle und Umgestaltung der vorgefundenen jeweiligen Umgebung und wirkten zurück auf das Wachstum und die Entwicklung des Körpers. Die unterschiedlichen Koch-, Brat- und Backmethoden etwa förderten das rasante Wachstum des menschlichen Gehirns im Unterschied zu dem der Hominiden, denn erst durch das Garen von Fleisch und pflanzlichen Nahrungsmitteln ließen diese sich leichter und besser verdauen und die Nährstoffe besser aufschließen.

Wo anders als beim Thema Essen könnte uns also die untrennbare Einheit von Körper, Seele und Geist, Natur und Umwelt und das Wunder deren ständiger Wandlung in solcher Deutlichkeit bewusst werden?

In diesem Sinne wünschen wir Ihnen und uns eine gute, gesunde, aufbauende, heilsame körperliche wie geistige Nahrung,

Ihre
Lutz und Anette Müller

Abb. aus M. Maier, Atalante Fugiens, alchemistisches Werk von 1618.
Das Kochen mit der richtigen Temperatur und Dauer ist eine zentrale alchemistische Operation.

# Das Wunder der Transmutation

Wir Menschen können eine erstaunliche Vielzahl von Nahrungsmitteln zu uns nehmen und verarbeiten, wir sind „Alles(fr)esser". Das hat uns einen entscheidenden evolutionären Vorteil gebracht. Mit Hilfe unserer Augen (mehrere Millionen Farben können sie wahrnehmen), der Nase (sie kann mehr als 10.000 verschiedene Duftnoten unterscheiden) und des Geschmacks wird die Nahrung ausgewählt. 50 Tonnen verbraucht ein Mensch durchschnittlich im Leben, zerkleinert sie durch Beißen und Kauen, verflüssigt sie täglich mit anderthalb Liter Speichel und bereitet so die Arbeit im Magen vor.

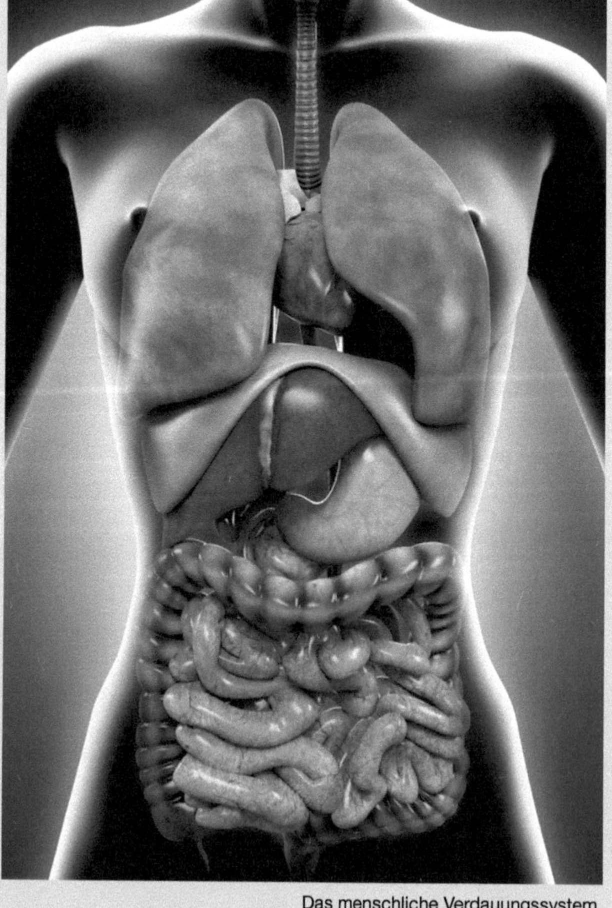

Das menschliche Verdauungssystem.
Foto: Nerthuz (shutterstock ID193303376)

Drei bis vier Stunden werden Speisen und Getränke im Magen bearbeitet, vermengt, mit Salzsäure desinfiziert und mit Pepsin vorverdaut.

Dann geht die Nahrung weiter in den Dünndarm. Der ist bis zu acht Meter lang und hat wegen der Faltungen und Darmzotten eine innere Oberfläche von etwa 32 Quadratmetern. Hier werden die verschiedenen Nahrungsbausteine (Eiweiße, Kohlenhydrate, Fette, Mineralstoffe) durch die Enzyme der Bauchspeicheldrüse und durch den Gallensaft der Leber in kleinste Bestandteile aufgespaltet, damit sie später über die Darmwand in das Blut- und Lymphsystem aufgenommen werden können.

Unterstützt wird die Verdauung durch ein in den ganzen Darm eingebettetes „Bauchgehirn" (100 bis 200 Millionen Neuronen) und etwa 100 Billionen Mikroorganismen (Bakterien), das sind ca. anderthalb Kilogramm, die auch entscheidend bei der Abwehr von Krankheitserregern beteiligt sind.

Die aufgelösten Nahrungsstoffe werden vom Blut (fünf bis sieben Liter Blut mit rund 25 Billionen roten Blutkörperchen) aufgenommen und über ein weit verzweigtes Netzwerk von dickeren bis allerfeinsten Venen und Arterien mit einer Länge von insgesamt etwa 100.000 Kilometern in alle Bereich des Körpers transportiert - auch ins Gehirn, dessen Nervenfasern zusammen etwa eine Länge von 700.000 Kilometer haben und jede Sekunde etwa eine Billion Operationen durchführen.

Aus diesem beständig ablaufenden, unfassbar komplexen energetischen Umwandlungsprozess entsteht alles, was wir tun und sind, unsere Bewegungen wie unsere Gefühle und Fantasien, unsere Gedanken und unser Bewusstsein.

# Essen - Einfach wunderbar!

Anette Müller



**Nähren und Genährtwerden:
Das Mysterium der Transmutation**

Der alltägliche existenzielle und essenzielle Vorgang des Essens besteht daraus, dass ein hungernder, müder, ermatteter Mensch die nährende Materie und Energie von Erde, Sonne, Wind und Wasser aktiv als Essen bzw. als Lebens- oder als Nahrungsmittel aus seinem Umfeld nehmen kann, um sie zu be- und verarbeiten, in für sich nötige körperliche und psychische Energie und Kraft zu verwandeln und so wieder satt, wach, stark, zufrieden und bewusst zu werden.

Luft-, Wasser- und Nahrungsaufnahme können als das elementarste und wundersamste Wandlungserlebnis des Menschen überhaupt angesehen werden. Alles, was wir sind, von den harten Zähnen und Knochen bis hinein in die höchsten geistigen Dimensionen sind wir durch die fortwährende Transmutation des Wassers, des Sauerstoffs, der Eiweiße, Fette, Kohlenhydrate, Vitamine, Mineralien, Ballaststoffe in die Bausteine unseres Organismus. Unserem Körper gelingt etwas, nach dem die alten Alchemisten jahrhundertelang suchten: die Verwandlung von Materie in Geist und Weisheit („Stein der Weisen").

„Der Mensch ist, was er isst" – dieser Satz, der Paracelus zugeschrieben wird, ist buchstäblich wahr. Bereits allerkleinste Verschiebungen im Gleichgewicht und Zusammenspiel der biochemischen, genetischen, zellulären, hormonellen und neuronalen Transmitterstoffe kann über Leben und Tod, körperliche wie psychische Gesundheit entscheiden.

Die etymologische Wurzel von Nahrung ist nara (mhd): Nara bedeutet Nahrung und Unterhalt, Erlösung, Rettung und Heil. Die Wurzel von nähren (ahd. nerian, mhd. neren) meint retten, davonkommen und am Leben erhalten. Neren ist verwandt mit nes: am Leben und gesund bleiben, auch zyklisch wiederkommen und gesund wiederkommen.

**Der Mensch lebt nicht vom Brot allein**

Neben dem ganz elementaren konkreten Aufnehmen von Luft, Flüssigkeit und Materie, gibt es auch so etwas wie seelische und geistige Nahrung, auf die wir für unsere Gesundheit ebenso angewiesen sind.

Das emotionale und geistige Klima, in dem Nahrung aufgenommen wird, in welch spendender Fülle und Freude (der „Glanz im Auge der Mutter") oder in welcher Not, prägt tiefgreifend die Psyche eines jeden Menschen, seine emotionale und intellektuelle Entwicklung, sein Urvertrauen und Selbstwerterleben, seine Beziehungsfähigkeit, seine Sinnlichkeit, seinen Mut, sich neugierig in die Welt zu wagen.

Dieses enge Wechselspiel zwischen biologischen und psychologischen Aspekten des gesunden Ernährtwerdens beginnt nicht erst nach der Geburt, sondern geschieht vom ersten Augenblick des Lebens an. Sofort nachdem die befruchtete menschliche Eizelle sich in der Gebärmutter eingenistet hat, beginnt die Bildung des „Mutterkuchens" (Plazenta lat.: Kuchen). Embryonales Gewebe wächst in den mütterlichen Uterus und die Blutgefäße der Mutter wachsen in dieses Gewebe hinein. Schließlich wird die Plazenta von mütterlichen und von embryonalen Blutgefäßen durchzogen, um das neue Leben über die Nabelschnur mit Nährstoffen zu versorgen und den Stoffwechsel zu gewährleisten. Zugleich schützt die Plazenta Mutter und Kind über die Plazentaschranke und produziert und steuert entscheidend den Hormonhaushalt beider während der Schwangerschaft.

Wir sind also von allem Anfang an biologisch ausgestattet mit der Fähigkeit, unsere Nahrung zu beschaffen und anzufordern. Zugleich ist unser Überleben abhängig davon, dass wir uns in einer Umgebung befinden, die auf uns adäquat reagiert, uns nähren und schützen kann. So wird durch einen positiven, eng verschmolzenen Zustand im Mutterleib von vielen Menschen bereits die Erfahrung der „Guten Mutter", das Mysterium der Verbundenheit und Einheit auf einer ganz basalen Ebene gemacht. Und manche Menschen, denen die Erfahrung einer konkreten guten Mutter nicht vergönnt gewesen ist, greifen instinktiv auf „Mutter Natur" in ihrer elementarsten Form zurück, indem sie sich unter freiem Himmel in Wald, Feld und Garten, bei Sonne, Wind und Wetter bewegen, und sich ganz natürlich ernähren, um einen heilsamen Kontakt mit ihr zu erleben.

**Loslassen und Hingeben**
Sobald nach der Geburt die Nabelschnur durchtrennt wird, fällt es in die Aufgabe der Eltern und anderer Bezugspersonen, die nährende Funktion in all ihren Facetten zu übernehmen. Das Neugeborene ist durch den Saugreflex auf diese Situation eingestellt. Nahrungsaufnahme signalisiert nach den ersten Atemzügen den Beginn der eigenständigen Existenz des Neugeborenen.

In einer guten Mutterbindung saugt der Säugling über die Brust „mit der Muttermilch" zugleich Liebe, Wärme, Vertrauen und die gesamte umgebende Atmosphäre und Welt ein.

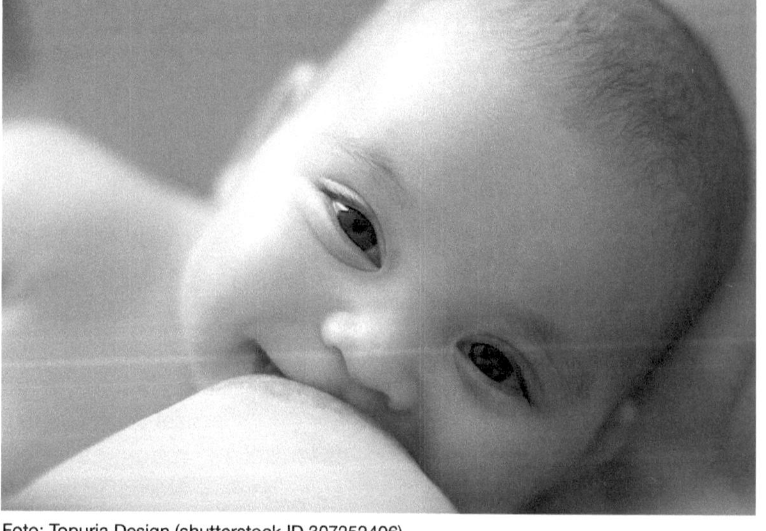

Foto: Topuria Design (shutterstock ID 307252406)

Das Kleinkind kann die Welt und ihre Nahrung immer mehr und intensiver mit seinem Mund und Geschmack wahrnehmen, neue Reize und Befriedigungen finden, Sinnenlust erfahren und ein angenehmes Bauch- und Körpergefühl entwickeln, sich verbinden mit der Welt und sich gleichzeitig auch vertrauensvoll in den Zustand des Wohlgefühls seines Körpers hineinfallen lassen. Erfüllung, Wärme, Liebe, Geborgenheit, Zufriedenheit breiten sich als Basisgefühl aus und das Kind kann sich dem Unbewussten, dem Schlafen und Träumen hingeben. Die Mutter ist noch eine ganze zeitlang „Ein und Alles" für das Kind, ein Teil seines Körpers, seines Selbst, der Welt, des Lebens überhaupt. Nur langsam lernt sich das Kind von ihr deutlicher zu unterscheiden und autonomere Impulse zu verspüren. Das gelingt aber nur dann gut, wenn die Beziehung liebevoll und vertrauensvoll ist, wenn die Mutter auf die Bedürfnisse und Eigenart ihres Kindes abgestimmt ist und das Kind die Frustration der Trennung bewältigen kann, weil es weiß, dass die Mutter auch dann da ist, wenn es mal alleine ist.

**Wollen, Nehmen und Geben**
Aus der Etymologie des Wortes Essen wissen wir, dass seine indogermanische Wurzel ed auf Zahn weist und „der Kauende" bedeutet. Das Wort verzehren trägt das althochdeutsche

zeran in sich und meint zerren, zerreißen, kämpfen.

Selber Saugen und Essen ist eine der frühen autonomen Möglichkeiten des Kindes. Es kann etwas zu essen und zu trinken fordern und es verweigern, es kann entweder etwas kauen, schlucken und verdauen, so wie es ihm zugänglich gemacht wird oder es ausspucken, Vorlieben und Abneigungen entwickeln, mit Hunger und Entbehrung als einem grundlegenden Triebgeschehen aktiv umgehen. Es kann sich etwas zum Essen erbitten oder auch erbetteln, erarbeiten, erkämpfen, verdienen.

Schon dem kleinen Kind wird klar, dass es zukünftig auch eine gewisse Leistung und Anstrengung geben muss, wenn es ausreichend Nahrung, wenn es Erfolg, Anerkennung und Liebe haben will. Im Märchen von Frau Holle gibt es nur für die Goldmarie Gesottenes und Gebratenes. Sie hat erkannt, was natürlicherweise zu tun ist, um das Leben aufrechtzuerhalten, nämlich die Äpfel vom Baum pflücken, die gebackenen Brote aus dem Ofen ziehen, jeden Tag alltägliche Verrichtungen tun.

Diese Märchenweisheit wird u. a. durch Erfahrungen mit der Aufzucht von Hunden bestätigt. Wenn Welpen mit einer Flasche und unterschiedlich großen Öffnungen großgezogen werden, dann kann man später feststellen, dass diejenigen Tiere die besten Ausbildungsleistungen erbringen, die es am schwersten mit dem Saugen hatten. Offenbar haben sie auf diese Weise früh gelernt, mit Geduld und Ausdauer an ihr Ziel zu kommen.

Der bekannte „Marshmallow"-Test (Mischel et al., 1989) kam zu einem ähnlichen Ergebnis. Kinder, die man vor eine Süßigkeit setzt und die es besonders lange aushalten, die Süßigkeit nicht zu essen, weil ihnen für das Warten noch eine weitere Süßigkeit versprochen wird, die also eine gute Frustrationstoleranz und die Fähigkeit zur Impulskontrolle und zum Triebaufschub haben, scheinen im späteren Leben zielstrebiger und erfolgreicher zu sein.

## Liebe geht durch den Magen

Essen, Riechen, Schmecken, das Fließen der Säfte im Mund, das Saugen, Kauen, Lecken, Lutschen, Schlürfen, Schlucken, Einverleiben und die gesamte Erfahrung über den Mund ist eine so zentrale und lustbetonte Tätigkeit, dass sie sich in vielerlei Hinsicht mit der sexuellen Lust verbindet. Von daher wird verständlich, dass Freud den Mund als wichtige erogene Zone beschrieben hat. Das scheint sich auch hirnphysiologisch zu bestätigen: Neuere Forschungen sollen ergeben haben, dass Essen und Sex von den gleichen Hirnregionen gesteuert werden.

Wenn man jemanden sympathisch findet oder in ihn verliebt ist, findet man ihn zum Anbeißen oder zum Anknabbern, etwas triebhafter und besitzergreifender zum Auffressen. Man will ihn mit den Lippen berühren, küssen, mit der Zunge Kontakt zu ihm aufnehmen. Der Mund ist ein so naher und sensibler Bereich, dass manche Menschen einen Kuss als persönlicher und intimer empfinden, als die sexuelle Vereinigung.

In Literatur, Kunst, Werbung wird die erotische Komponente des Mundes und des Essens oft im Essen von Früchten und Süßspeisen betont (siehe Titelbild des Jung-Journals). Orientalische Märchen und das Hohe Lied der Bibel legen davon ebenso Zeugnis ab wie das Candle-light-diner der Verliebten.

Mit Jemandem zu essen, den man nicht mag, mit dem „nicht gut Kirschen essen ist" oder mit dem man gerade Streit hat, kostet Anstrengung, lässt einen verkrampft sein und nimmt den Appetit und die Lust am Essen.

Die erogene Zone des Mundes ist darüber hinaus auch eine „gnosogene" Zone, d. h. eine Zone der Erkenntnisvermittlung (Neumann, Das Kind, S. 33), was sich leicht daran nachvollziehen lässt, dass Säuglinge und Kleinkinder alles, was ihnen in die Hände fällt, was sie anschauen und riechen können, auch in den Mund zu stecken versuchen, um daran zu lutschen, darauf zu beißen, die Beschaffenheit näher zu erkunden. Im Essen wird die Nahrung zum Weltinhalt und die Welt zur Nahrung, die Welt wird gegessen, verarbeitet, man integriert und bemächtigt sich ihrer.

Kognitive und emotionale Vorgänge und Konflikte werden deshalb manchmal auch in der Symbolik des Essens, Schluckens und Verdauens beschrieben: Man muss etwas erst einmal schlucken, etwas liegt einem im Magen, muss noch verdaut werden, oder man hat daran zu kauen oder zu knabbern. Wenn etwas gegessen ist, heißt das, dass es vorüber und nicht mehr zu ändern ist. Etwas gefressen zu haben, bedeutet auch, es verstanden zu haben oder es zu akzeptieren.

**Leben im Zeichen von Hunger und Angst**
Schon früh in der Schwangerschaft kann es zu tiefgreifenden Störungen im körperlichen wie seelischen Nahrungsaustausch zwischen Mutter und Kind kommen: Ungeeignete, einseitige und schädliche Ernährung der Mutter, Aufnahme von Giftstoffen, fehlende positive und sorgende Einstellung zum in ihr wachsenden Kind, nicht abklingender Stress, eine laute, bedrohliche Umwelt, Konflikte und Krisen, körperliche wie psychische Erkrankungen können den so intimen und labilen psycho-somatischen Nahrungsaustausch belasten, so dass es eine somatische wie psychische Unterernährung, eine fortwährende Mangel- und Notsituation gibt, die das Daseinserleben des späteren Menschen nachhaltig prägen.

Die indogermanische Wurzel des Wortes Hunger (mhd. hunger, ahd. hungar) bedeutet brennen, im übertragenen Sinne: vor Schmerz brennen. Sie beschreibt also bildhaft das nicht genau lokalisierbare, oft in der Magengegend spürbare, unangenehme, brennende oder ziehende Gefühl, das auftritt, wenn der Magen leer ist. Wenn die frühen körperlichen und seelischen Beziehungserfahrungen des Kindes im Zeichen des Hungers, der Entbehrung und Not stehen, ist die „Urbeziehung" gestört und es kann sich nur noch ein „Not-Ich" entwickeln, also eine Ich-Struktur, die durch den Kampf ums Leben im Zeichen der Angst und Not geprägt ist.

Nach E. Neumann vermag eine gestörte Urbeziehung, die ihre Wurzeln prä-, peri- und postnatal haben kann, zu Störungen in vier fundamentalen Erfahrungsbereichen zu führen: der Beziehung zum Körper, zu sich selbst (im Sinne der Störung zum Selbst), zum Du und zur Welt.

Am Ende ihres Lebens mögen viele Menschen nicht mehr essen und schließlich nicht mehr trinken, sie haben keinen Hunger und keinen Appetit mehr. Und anders herum: Solange alte Menschen Hunger empfinden und essen, mögen sie leben - ja vielleicht können sie auch, wenn sie nur noch kleine Portionen zu sich nehmen, doch das Erleben des Genährtseins verspüren oder eine sinnliche Erinnerung an das Genährtwerden wecken.

**„Angst essen Seele auf"**
Aus dieser engen Verflechtung von Nahrungsaufnahme und basalen psychischen Grundbedürfnissen beschreibt die Tiefenpsychologie viele pathologische Entwicklungsformen und Krankheitsbilder, die von psychosomatischen Symptomen wie Magen- und Verdauungsbeschwerden, Zwängen (Kalorien zählen, Essen auf Gesundheitskomponenten hin kontrollieren, Diäten einhalten) bis hin zu Magersucht und Bulimie und zu ganz frühen Bindungs- und Beziehungsstörungen, Sinn-, Selbstwert- und Identitätsstörungen reichen.

Störungen in der Urbeziehung können dazu beitragen, dass Menschen in der Verzweiflung von Depression, Einsamkeit und Sinnlosigkeit auf orale Ersatz-Befriedigungen zurückgreifen (übermäßiges Essen, Trinken, Rauchen, Drogen), passiv und abhängig in regressiven Schlaraffenlandfantasien, Paradiessehnsüchten und Versorgungswünschen gefangen bleiben und versuchen, wenigstens auf diese Weise eine gute Mutter zu erleben.

Sie wagen es im weitesten Sinne nicht, sich etwas aktiv herauszunehmen, zu fordern, zu ergreifen, den Mund aufzumachen, die Zähne zu zeigen, sie haben keinen „Biss", um für das, was sie wollen, zu kämpfen. Ihre eigenen gehemmten oralen Bedürfnisse können sie dann manchmal nur projiziert auf Mitmenschen und

Gesegnetes Brot.
Foto: MarjanCermelj (Stockfoto-ID: 154560431)

heißen, unwirtlichen Wüsten und anderen extremen Orten, vielleicht am Ende der Welt oder in einem Gefängnis, sogar in einem KZ, mühsam überleben zu müssen.

Wenn wir belastet oder krank sind, haben wir keinen Appetit und spüren keinen Hunger, und Menschen, die aus langer Trauer, Depression oder Krankheit erwachen, merken häufig daran, dass sie wieder Lust am Essen haben und essen wollen, dass sie ins Leben zurückkehren. Die Schriftstellerin Isabel Allende:

*Nach dem Tode meiner Tochter Paula verbrachte ich drei Jahre damit, die Trauer mit nutzlosen Riten zu bannen. Es waren drei Jahrhunderte, die ich mit dem Gefühl durchlebte, die Welt habe ihre Farben verloren und ödes Grau habe sich gnadenlos über alle Dinge ausgebreitet. Ich kann den Augenblick nicht benennen, an dem die ersten farbigen Pinselstriche erschienen, aber als die Fressträume anfingen, da wusste ich, dass ich am Ende des langen Tunnels der Schmerzen angekommen war und endlich auf der anderen Seite auftauchte, im vollen Licht und mit einer gewaltigen Lust, wieder zu essen und Spaß zu haben.*

Allende, 1998, S. 25

## Spiritualität des Essens

Eine junge Frau träumte über Jahre immer wieder von der Küche in ihrem Elternhaus, die sich in einem chaotischen Zustand befindet: Überall teilweise angegessene Reste von Nahrungsmitteln. Sie will Ordnung schaffen, kann es aber nicht. Die Träume sind quälend und beschämend für sie und weisen sie stetig darauf hin, wie schwierig und komplexhaft Essen und Ernährung bei ihr sind. Sie versteht sie als Aufforderung, in ihrem Essen und den damit verbundenen Erlebens- und Verhaltensweisen Ordnung und Struktur zu schaffen, und sie versucht dies mit Einkaufs- und Verhaltensplänen und anderen rationalen „vernünftigen" Methoden, die ihrem Bewusstsein zugänglich sind.

Welt erleben, die dadurch einen übermäßig fordernden und verschlingenden Charakter erhalten („Meine Kinder, meine Familie, meine Arbeit fressen mich auf!").

Ess-Störungen nähren sich also oft aus der Angst, vom Leben nicht gewollt und geliebt zu sein, zu kurz zu kommen, nicht genügend Fülle zu haben. Manchmal weiß ein Mensch nicht, ob er essen soll, weil er dann leben muss. Manchmal weiß er nicht, dass er gut essen darf, weil er nicht weiß, ob er gut leben und sein Leben genießen darf. Hungrig zu sein und zu essen bedeutet ja, sich sein Verlangen nach Leben, Liebe, Zugehörigkeit und Anerkennung einzugestehen, was aber oft mit tiefer Scham und Hoffnungslosigkeit verbunden ist.

Eine 17jährige depressive Jugendliche hatte sich vorgenommen, nicht mehr zu essen, obwohl sie sehr unter ihrem Hunger litt. „Wenn ich esse, dann sehe ich gut aus, so als wäre alles in Ordnung. Mir geht es aber nicht gut. Nichts ist in Ordnung. Also will ich auch nicht gut aussehen." Und: „Wenn ich esse, bekomme ich Energie, das spüre ich sofort. Was soll ich mit meiner Energie dann machen? Ich weiß doch sowieso nichts, was ich machen kann."

Ein über den körperlichen Hunger hinausgehendes starkes Hungergefühl kann sich u. a. in der Fantasie von Essgestörten ausdrücken, in kargen, unfruchtbaren, einsamen, kalten oder



*essensausgabe*

Nach Monaten der Auseinandersetzung hat sie einen ganz besonderen Traum: *Da liegt plötzlich mitten in der chaotischen Küche auf dem Tisch ein rundes Brot mit einem eingeritzten Kreuz, das sie selbst gebacken hat. Der „Laib" riecht wunderbar und ist noch warm. Sie nimmt den Duft auf, nimmt dann das Brot in ihre Hände, spürt seine Wärme, empfindet Ehrfurcht und Dankbarkeit.*

Das Brot-Mandala erinnert sie an die Rundheit der Erde, die Rundheit ihrer weiblichen Formen, den sinnlichen Genuss, den ihr Körper ihr zu schenken vermag. Sie backt sich ein solches Brot. Sie spürt, dass Materie (Mater!), Natur, Körperlichkeit und Spiritualität kein Widerspruch sind, sondern einander bedürfen und durchdringen. Sie setzt sich lange mit der Abwertung des Weiblichen und des Erd-Prinzips in den patriarchalen Kulturen auseinander und welche katastrophalen Folgen dies für Frauen, Natur und Umwelt hat.

Unter dem Einfluss dieses Symbols, dem gesegneten runden Brot inmitten der chaotischen Desorientierung, wandelt sich in einem jahrelangen Prozess ihr Bewusstsein, und ihr Leben bekommt einen neuen, tieferen Sinn: nicht nur, dass das Leben für sie da ist, sondern auch und vielmehr, dass sie für das Leben da ist. Wir sind Kinder des Universums, der Sonne, der Erde, unserer „Großen Mutter". Das wussten offenkundig schon die Alchemisten.

Wie schön wäre es, wenn Menschen mit Ess-Störungen zu solchen Einsichten kommen könnten, mit einfachen und tiefen Bildern ihrer eigenen Seele aus ihrer Krankheit zurückkehren würden!

Abb. aus M. Maier, Atalante Fugiens, alchemistisches Werk von 1618. Der Stein der Weisen, hier als Säugling dargestellt, wird von der Erde genährt.

**Literatur**
*Allende, Isabel* (1998): Aphrodite. Eine Feier der Sinne. Suhrkamp
*Neumann, E.* (1963): Das Kind. Rascher. Download bei www.opusmagnum.de
*Wrangham, R. (2009):* Feuer fangen. Wie uns das Kochen zum Menschen machte. München.

**Anette Müller**
Analytische Kinder- und Jugendlichen-Psychotherapeutin, Dozentin, Supervisorin, niedergelassen in freier Praxis.

# Wie wir vom Entgiften entgiften können

Eckart von Hirschhausen



**Was ist gesünder: drei Vierkornbrötchen oder vier Dreikornbrötchen?**

„Glutenfreie Hostien" – als ich im Urlaub dieses Schild an einer Kirche in Österreich sah, fotografierte ich es und postete es auf meiner Facebook-Seite. Prompt kam der Vorwurf, ich würde mich über Zöliakie-Patienten, die kein Gluten aus Weizen vertragen, lustig machen. Dabei fand ich es einfach spannend, wie auch in die sakralen Bereiche inzwischen die Unverträglichkeiten der Verdauung Einzug halten. Und ich habe tatsächlich den Eindruck, dass heute mehr Menschen unverträglich sind als früher, mit sich, mit anderen und mit ihren Zotten auf Kriegsfuß stehen. Viele fanden es offenbar kränkend. Darf man im Rahmen einer Darmerkrankung gar von „Shitstorm" reden?

Im Ernst: Als Arzt habe ich mich nie über Patienten lustig gemacht, ich versuche im Gegenteil, sie zum Lachen zu bringen, weil ich davon überzeugt bin: Humor hilft heilen. Humor hat großen therapeutischen Wert für Körper und Geist – und umgekehrt ist Humorlosigkeit auch diagnostisch. Immer wenn Menschen über eine ihrer Auffassungen, Meinungen oder Überzeugungen überhaupt keinen Spaß verstehen, ist das ein sicheres Zeichen, dass es nicht mehr um Wissenschaft geht, sondern um Weltanschauung. Wissenschaft lebt vom kreativen Zweifel davon, alles infrage stellen zu dürfen. Und Weltanschauung ist immer dann gefährlich, wenn sie nicht wahrhaben will, dass jemand anderes aus einer anderen Perspektive auf die Welt

schaut. *Nichts ist gefährlicher als die Weltanschauung von Menschen, die die Welt nie angeschaut haben* – traf Mark Twain den Nagel auf den Sturkopf. Und auch zur Ernährung hat der Meister des Aphorismus Entscheidendes herausgefunden: *Wasser in Maßen genossen ist unschädlich.* Das würde er sich heute wohl auch nicht mehr trauen, wenn man davon ausgeht dass Wasser aus dem Hahn womöglich Blei, Wasser aus der PET-Flasche Weichmacher und Wasser aus dem Gebirgsbach Pestizide enthält. Oder Kuh-Pipi. Was viele bevorzugen würden.

Fakt ist, dass unser heute verfügbares Essen in Deutschland so vielseitig, so sauber und so überwacht ist wie noch nie in der Geschichte der Menschheit. Fakt ist auch, dass wir Deut-

Foto: OlegD - Detox-Drink (www. fotolia. com)

schen inzwischen zu den übergewichtigsten Menschen in Europa gehören. Und dass wir am liebsten meinen, das Essen sei schuld an allem, was uns plagt, und dass wir alle irgendwie uns ständig vergiften, also uns einer Entgiftung unterziehen müssen, moderner formuliert „Detox". Das ist paradox, denn es gibt diese Gifte objektiv nicht. Aber je mehr sich gesunde Menschen mit Gesundheit beschäftigen, desto mehr macht sie die Sorge um eine tiefere Bedeutung jeder Befindlichkeitsstörung krank. Der Wissenschaftsjournalist Sebastian Herrmann vergleicht es treffend mit der Prinzessin auf der Erbse. Weil die Prinzessin viel Zeit und keine echten Probleme hat, fühlt sie durch alle Matratzen hindurch und solange in sich hinein, bis sie nicht mehr schlafen kann. Die moderne Version dieses Märchens heißt: Die Prinzessin spürt auch noch, dass die Erbse nicht biologisch angebaut war und verstrahlt ist.

Es werden Tees und Tabletten geschluckt, und auch vom anderen Ende her wird alles gegeben, um vermeintliche Gifte auszuleiten: Der letzte Schrei sind Kaffee-Einläufe. Um die Darmzotten von ihrer belastenden Aufgabe zu befreien, sich immer nur mit Verdauungs-Endprodukten zu beschäftigen, werden sie mit lauwarmem Kaffee umspült, damit sie sich nicht immer so fühlen, als wären sie das letzte. Ob sie dafür dann die ganze Nacht wach liegen, wird nicht untersucht. Gelegentlich reißt die Prozedur ein Loch in die Darmwand, was für die Bauchhöhle ein ernsthaftes Problem darstellt, – um nicht zu sagen: Das ist echt Scheiße.

Auch wenn wir heute viel mehr wissen über den Wert der Darmflora und den Charme des Darmes, fehlt für die Einläufe jede Form der wissenschaftlichen Begründung. Aber das tut der Detox-Bewegung keinen Abbruch, denn Gifte lauern schließlich überall, und auch wenn man sie nicht benennen oder nachweisen kann: Genau das macht sie ja so gefährlich!

Quecksilber war früher in Thermometern, und ich erinnere mich noch, wie das Ding im Bad auf die Steinfliesen gefallen war und mein Vater versuchte, die silbrigen kleinen Kugeln zusammenzukehren, um sie zu entsorgen, und wie das flüssige Metall ihm immer wieder entfleuchte. Quecksilber ist sehr giftig. Das musste auch eine Hamburger Patientin erleben, die ausgerechnet zum Entgiften eine Ayurveda-Kur machte. Nach dieser alten indischvedischen Gesundheitslehre gibt es verschiedene Energietypen beim Menschen und über Ernährung, Massagen, Stirngüsse mit Ölen und eben auch Einläufen und Kräuterpräparaten sollen die Gifte entfernt und die Energien wieder ins Lot kommen. An so einer „ganzheitlichen" Behandlung wäre die Patientin nach der Rückkehr fast gestorben. Sie hatte mehr als 15 Kilogramm an Gewicht verloren, war völlig verwirrt und hatte unkontrollierbare Zuckungen an den Augenlidern und am Fuß – Symptome einer schweren Vergiftung. In den Körnern, die ihr in der Kur verordnet worden waren, waren Unmengen von Quecksilber, so viel, dass zunächst sogar das Analysegerät im Labor gestreikt habe. In Deutschland gelten ayurvedische Präparate als Nahrungsergänzungsmittel und sind daher schwer zu kontrollieren. In einer Untersuchung fand man in jedem fünften pflanzlichen Präparat, das über das Internet bestellt wurde, Mengen von Arsen, Blei oder Quecksilber, die deutlich über den Grenzwerten lagen. Wer macht die da rein? Die Natur. Das Blei zum Beispiel stammt aus Vulkanasche, die als Bestandteil in die Präparate gemischt wird.

Unser Körper kann eigentlich auch ganz gut ohne fremde Hilfe mit Giften umgehen. Dazu hat er mehrere geniale Tricks. Die größte Quelle für potenziell giftige Substanzen ist unser Essen – aber nicht etwa durch Rückstände, sondern durch ganz „natürliche" Substanzen wie Schimmel und das berühmteste Nervengift der Welt: Botox! Der davon ausgelöste Botulismus war früher eine gefürchtete Todesursache, wenn sich unbemerkt in Konserven das Gift sammeln konnte und die Kommunikation von Nerv zu Muskel im ganzen Körper lahmlegte, was in hohen Dosen am Zwerchfell zum Atemstillstand führt. In winzigen Dosen in den Stirnmuskel hilft es gegen die Denkerstirn – wenn man das braucht.

Foto: Maurina Rara - Detox-Pflaster
(www. flickr. com)



Der Kühlschrank hat die Menge an Gammel im Essen massiv reduziert und damit wahrscheinlich mehr Menschenleben gerettet als die meisten medizinischen Maßnahmen. Wir könnten uns deshalb ruhig mal wieder gönnen, Essen einfach zu genießen und sowohl für die Verwertung als auch für die Entgiftung auf das Wunderwerk unseres Körpers vertrauen. Der macht das schon super, ohne dass wir ihn ständig dazu ermahnen müssen.

Gifte werden über die Galle, über die Haut, über die Atemluft und über den Urin wunderbar ausgeschieden. Ein Weg zur Entgiftung, auf den weder die Natur noch ich selber gekommen wäre: die Füße! Ausgerechnet dort, wo die Haut am dicksten ist, soll Gift perfundieren. Beim Flug in den Urlaub wurde mir im Bordshop einer großen deutschen Fluglinie angeboten, Wattepads zu kaufen mit „Detox"-Effekt. Aus Neugier – ein medizinischer Kabarettist hat ja eigentlich nie Urlaub – kaufte ich eine Packung und las mir genau die Instruktionen durch. Ich sollte mir die unter die Fußsohle kleben und über Nacht würden alle Gifte meines Körpers durch die Haut in die Watte wandern. Was in der Packungsbeilage nicht stand: Um welche Gifte sollte es sich handeln? Wie genau würde diese Wanderung intensiviert, genauer gesagt: Warum sollte der kalte Wattepuschel auf der Haut für das Gift attraktiver sein als mein behagliches Unterhautfettgewebe? Und vor allem: Mal angenommen, das Ding täte tatsächlich, was es verspricht,

ist das Wattepad dann am nächsten Morgen so voller Gift und Schlacken, dass ich es nicht mehr in den Abfall werfen darf? Ist es streng genommen Sondermüll?

Vielleicht ein krasses Beispiel von haarsträubendem Unsinn, aber wenn man in Lebensmittelregale schaut, gibt es auch zahlreiche Säfte und Zubereitungen, die einem versprechen, weniger giftig zu werden. Als Protestant habe ich immer die Katholiken um ihre Rituale beneidet. Der Exorzismus hat das Mittelalter erlebt und ist aus den dunklen Kellern in die Mitte der Gesellschaft gerückt. Die Idee, dass etwas Böses aus uns ausgetrieben werden muss, hat auch außerhalb der Kirche die Gemeinden der Besseresser ergriffen. „Detox" ist Exorzismus auf weltlich. Der Feind wurde nie recht dingfest gemacht, aber alle sind von seiner Existenz überzeugt. Die Maßnahmen, um ihn zu vertreiben, müssen drastisch sein, früher durch physische Schmerzen, heute nur noch durch schmerzhaft überhöhte Preise. Und der Erfolg der Maßnahme besteht darin, dass man sich anschließend irgendwie besser fühlt, gereinigt, befreit und bereit zum Neubeginn. Die einzige Substanz, die einem Patienten durch Detox nachweislich entzogen wird, ist Geld!

Früher hat man gegessen, um satt zu werden. Um Kraft zu haben für den Tag. Oder um die Freude miteinander zu teilen, dass etwas zu essen auf dem Tisch steht. Heute muss Essen mich „verbessern". Es darf keine Kalorien enthalten. Und vor allem: Es darf keinen Spaß machen! Essen ist heutzutage „frei von" fast allem. Vor allem von Lust.

Was macht eigentlich ein Veganer, wenn ihn die Fleischeslust packt? - Und warum kommt das alte Wort „Sünde" nur noch im Kontext von Sahne vor?

Vielleicht brauchen wir auch nicht noch mehr Gebote, Verbote, Verschwö-

Foto: fabioberti. it (www. fotolia. com)

rungstheorien und Selbstkasteiung. Vielleicht brauchen wir mehr Fragen, mehr Gefühl, mehr Auf- und In-uns-Hören.

Probieren Sie doch das nächste Mal, wenn Sie gerade dabei sind, sich etwas in den Mund zu schieben, nur diese eine Frage mit einem klaren Ja zu beantworten: „MÖCHTE ICH DARAUS BESTEHEN?"

Und dann vertrauen Sie gelassen auf das, was ihr Körper daraus macht.

Jesus konnte Wasser in Wein verwandeln.

Aber jeder von Ihnen, liebe Leser, ist in der Lage, über Nacht aus dem ganzen Wein wieder Wasser zu machen – ist das nicht mindestens so ein Wunder?

**Eckart von Hirschhausen,** Dr. med. Jg. 1967, Arzt, Fernsehmoderator, Comedian und Bestsellerautor. Er verbindet in seinen Bühnenprogrammen Psychologie, Medizin und Humor in tiefgründiger Weise.

# Magersucht – eine Sucht, mager zu sein?

Sylvia Runkel

Ähnlich dem Menschen, der aus politischer Gesinnung verzweifelt hungert, weil kein anderes Mittel mehr gilt, doch dieses letzte Mittel mit umso größerer Macht gegenüber dem Anderen einsetzt – die Magersüchtige. Auch ihr Hungern verstört uns.

Zumeist sind es Frauen, wenngleich auch junge Männer zunehmend erkranken, doch erstreckt sich meine Erfahrung nicht auf diese Gruppe, so werde ich hier von den magersüchtigen Patientinnen schreiben.

Doch sie handelt aus einer eher unbewussten, inneren Überzeugung heraus. Und es ist diese kranke Überzeugung, welche letztendlich die Erkrankte selbst in ihrer „Sucht" bezwingt.

Anorexie lautet die andere Bezeichnung für die Erkrankung. Aus dem Griechischen übersetzt: an-orexis, das fehlende Verlangen, Begehren.

Der Text soll eine Brücke bauen von dem einen Verständnis der Erkrankung als Sucht zu einem anderen Verstehen als „Mangel an Begehren".

Magersüchtige sind Hungerkünstler. Sie unterliegen einem unbedingten asketischen Willen, die Materialität des Leibes und mit ihr die physischen Bedürfnisse zu überwinden (Ziegler, 1979, S. 97 ff.). Die Schwerkraft des Physischen aufzuheben ist ihr Ansinnen. Sie wollen leicht und ungebunden sein wie ein Vögelchen. So wünschte sich eine seit Pubertät magersüchtige Patientin, – sie konnte es mit fortgeschrittener Therapie aussprechen –, ihre Schulterblätter mögen abstehen wie kleine Flügel. Das geschieht bei massivem Gewichtsverlust. Die junge Frau mutete mich in ihrer mädchenhaft zarten und mageren Gestalt tatsächlich wie ein Vögelchen an.

Ein erstaunlicher Zufall ließ mich dies nach der ersten Stunde erleben: Durch die offene Praxistür, ich erinnere mich nicht, vielleicht hatte sie im Kommen oder Gehen die Eingangstüre nicht hinter sich geschlossen, so wie sie unbemerkt in den Wartebereich gekommen war, hatte sich in der beginnenden Dämmerung des herbstlichen Abends ein Tier in den Wartebereich verirrt. Erstaunt war ich, ein kleines Vögelchen vorzufinden, hilflos, den Weg alleine hinauszufinden.

„Welches Vögelchen ist mir denn da mit der Patientin in die Praxis geflogen?", fragte ich mich nach dieser ersten Stunde. In der Begegnung mit ihr war mir ihre Angst und Hilflosigkeit, verirrt in der Welt zu sein, spürbar geworden.

Die Therapie ermöglichte der Patientin anstehende Ablösungsschritte von den Eltern, die berufliche Qualifikation und den Einstieg ins Berufsleben und blieb doch nur eine erste Etappe in der Behandlung ihrer längst chronifizierten Magersucht. Zum Zeitpunkt der Beendigung der Therapie fehlte es ihrem Leben noch immer an Gewicht. Zum Schluss schenkte sie mir einen zart-türkisblau gebrannten, von ihr selbst gefertigten Vogel aus Ton. Der hatte erdiges Gewicht. Da erzählte ich ihr von meinem ersten Erleben mit ihr und dem kleinen Vogel, was uns beide sehr berührte.

Mit der aufkommenden Pubertät entwickelt sich im Mädchen der physische Leib mit einer bisher unbekannten psychischen Wirklichkeit.

Links: Venus von Willendorf, Entstehungszeit vor etwa 25. 000 Jahren, Naturhistorisches Museum Wien (www. wikimedia. org)
Rechts: Pan, Aphrodite und Eros, 90 v. Chr. (www. wikimedia. org

Der Entwicklung äußerer Geschlechtsmerkmale entspricht eine psychophysische Entwicklung veränderter Intimitäten, Bedürfnisse und Lust. Die Herausforderung dieses Entwicklungsschrittes und aller späteren fürchtet die Magersüchtige und flieht „in das „Rundumsorglospaket ... in mein besorgtes Mama zurück", wie eine Patientin zu ihrem eigenen Erstaunen aussprach. Sie malte den „goldenen Käfig" ihrer Magersucht. Das Buch von Hilde Bruch mit dem Titel „Der goldene Käfig. Das Rätsel der Magersucht" war ihr nicht bekannt.

Die vielfach in der Literatur beschriebene behütende Mutter entpuppte sich als eine in der Kindheit stets kontrollierende und daher einengende Mutter. Es fehlte ein triangulierendes väterlich-männliches Element. Eine solche Familie wirkt harmonisch. Ihr symbiotischer Charakter erschließt sich erst in der psychodynamischen Betrachtung und enthüllt ein Gefangensein der Magersüchtigen im MÜTTERLICHEN. Das „Gold" eines grenzenlosen Umsorgtseins kostet den Preis fehlender Abgrenzung.

„Ich durfte nie sagen, ich will". Kein Recht auf ein eigenes Leben zu haben bedeutet in Folge die Einschränkung angeborener Motivationen nach Erkundung der Welt und Selbstbehauptung, nach Widerspruch und Rückzug, nach Sinnlichkeit, Zärtlichkeit und Sexualität sowie das Einfrieren von Vitalität und Temperament.

*Ich hatte jeglichen Kontakt zu mir und meinen Bedürfnissen, Wünschen, Instinkten verloren. Ich fühlte mich nicht mehr. War erstarrt, tot, leer . . . Ich sprach mir jedes Recht auf Existenz ab. Ich war nicht gut genug, um essen zu dürfen, leben zu dürfen",*

schreibt Gesa Herbst (2001, S. 18), die aufgrund ihrer eigenen Krankheitserfahrung die Magersucht zum Gegenstand ihrer Diplomarbeit im Fach Fotografie gemacht hat.

Scham ob dieser frühen Erfahrung, nicht um seiner selbst geliebt zu sein, Schuld, „dass ich gerne esse" und kein Recht auf die eigenen Gefühle und Wünsche zu haben, führen zu einem Ver-Sagen. In der Magersucht versagt sich das Mädchen ihrem Hunger und dem Sprechen. Mit fest verschlossenem Mund, die Lippen nach innen gezogen, sitzt mir eine Patientin gegenüber, nicht bereit, zu sprechen. „Was soll ich sagen?" kann eine Magersüchtige ängstlich und immer wieder in das Schweigen des Stundenanfangs fragen.

Mir kommt ein vor langer Zeit gelesener Satz in Erinnerung: *Die Magersüchtige hat ihren Eltern nichts zu sagen, nichts und doch alles.* Ich glaube, er war von Patricia Bourcellier.

Nach außen angepasst, bemüht um das Wohlergehen der Anderen, verbirgt sie den eigenen Entzug. Im Entsagen gewinnt sie Kontrolle. Der „meinige" Körper wird ihr zum Objekt jener Kontrolle gegen die MUTTER und eine Welt, in der keine Grenzen gezogen werden.

Dies kann auch die eigene innere Welt grenzenloser Bedürfnisse sein. Damit, und das ist das Paradox, entsagt die Magersüchtige zugleich der anstehenden Entwicklung zur Frau und gibt den „goldenen Käfig" vermeintlich paradiesischer Geborgenheit bei der MUTTER nicht auf.

Was fürchtet sie in der Entwicklung zum Weiblichen? Sie formuliert, die Rundungen des Körpers – jenen in Frühzeiten als Symbol weiblicher Fruchtbarkeit bewunderten Schoß der Frau. Die Venus von Willendorf verkörpert seit Jahrtausenden den Glauben an die göttliche Kraft des Weiblichen.

Die Magersüchtige hingegen sieht ihre Oberschenkel, ihren Bauch und ihr Gesäß monströs

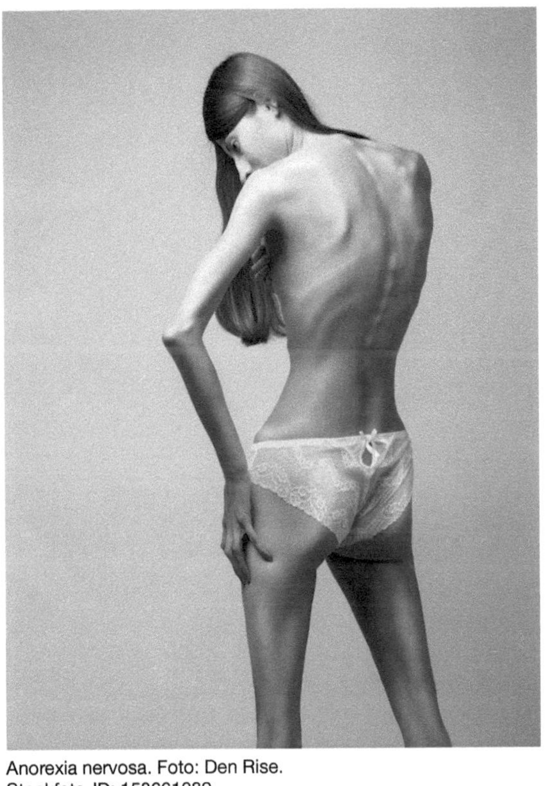

Anorexia nervosa. Foto: Den Rise.
Stockfoto-ID: 158661089

überformt. Hilflos meidet sie, Kleidung einzukaufen, weil sie die Kleidergröße nicht einzuschätzen vermag und sich daher nichts aussuchen noch nehmen kann. Unverständlich bleibt uns diese nicht durch einen objektiv-realitätsnahen Blick zu beeinflussende Überzeugung in der Körperwahrnehmungsstörung.

Doch fürchtet sie nicht auch das mit der Weiblichkeit in der Pubertät aufkommende - geschlechtliche - Begehren hin zum Anderen?

Im antiken Griechenland vertrat Pan als Gott den großen Machtbereich des Geschlechts. Er war Gespiele von Aphrodite und Eros. Eros, Sohn der Aphrodite, realisiert das Liebesverlangen und die Sehnsucht der Mutter. Während Priapos den puren Trieb anschaulich verkörpert, repräsentiert Pan die Numinosität des Geschlechts.

*Pan ist der Gott des Geschlechts, nicht der Erotik, der Sexualität und der Konflikte. Pan ist ein unerotischer Gott, so steht Pan am Anfang und im Ursprung des Lebens … ein Seiender, der nicht bedeutet, sondern der ist.*

Walter, 2001, S. 113 f.

Ein Hirtenknabe wird von Pan verfolgt. 470 v. Chr. Attische Keramik, Museum of Fine Arts, Boston.

antiker Mythos, dass Pan der schönen Nymphe Syrinx nachstellte, diese in Angst und Panik vor dem Verfolger floh, doch an ein nicht zu überquerendes Flussufer gelangte. In der Not flehte sie die Götter um Hilfe an, die sie daraufhin in Schilf verwandelten. Pan, aus Kummer um die Verlorene, – so der Mythos –, brach das Schilf und schnitzte sich daraus die Syrinx, seine Panflöte, auf der er seine traurige Melodie anstimmte.

Halb Mensch, halb Tier, versehen mit dem Kopf, dem Schwanz und dem behaarten Unterleib des Ziegenbocks, zählt Pan, in der Tradition alter Vegetations- und Fruchtbarkeitsgötter stehend, zu den frühen chtonischen, erdverbunden Gottheiten. In ihm verehrte das antike Hirtenvolk der Arkadier, das in der rauen, unzugänglichen Gebirgslandschaft des Peleponnes lebte, den Herrn der Wildnis und Beschützer ihrer Herden. Der Wildnis entstammte seine Kraft, die im großen Phallus dargestellt ist und ihn ruhelos umhertreibt. Seinem plötzlichen Erscheinen schrieben die Hirten zu, wenn in der flirrenden Mittagshitze die Schafherde ohne erkennbaren Grund in Aufruhr geriet. Aber eher wahrscheinlich: Im „abaissement mental" des Hirten und seiner im Schlummer träumerischen, erotischen Mittagsfantasien ist es das Numinose seines eigenen Geschlechts, das ihn jäh aufschreckt. So gab Gott Pan der Panik seinen Namen.

Pan liebte die Musik und den Tanz auf Nymphenfluren. Ruhelos trieb ihn sein Geschlecht zu den Nymphen, jenen weiblichen zauberhaften Naturwesen der Natur. So erzählt ein

Die Nymphe symbolisiert das junge Mädchen in der Pubertät, das sich seines Geschlechts noch wenig bewusst ist. An der Schwelle der Pubertät begegnet sie dem wachsenden Geschlecht in ihr und mit ihm einem Begehren, welches, wenn es ihr bisher versagt blieb – „ich durfte nie sagen, ich will" –, sie nun fürchtet.

Sie versagt sich Lebensmittel und hungert. Sie treibt durch den Gebrauch von Abführmitteln und Wassertabletten zu sich Genommenes ab. Sie treibt viel Sport, um Kalorien zu verbrauchen. Sie zehrt den Körper aus, um keinen Hunger und kein Begehren mehr zu spüren: Anorexie – der Mangel an Begehren. Heimlich hingegen blättert sie in Kochbüchern und Kochzeitschriften – ein Genuss ohne Reue.

Machtvoll drängt das versagte, in der Seele abgespaltene Begehren aus dem Unbewussten an. In Essanfällen, von den Betroffenen selbst als "Fressattacken" bezeichnet, kehrt das Begehren als Gier zurück. Schuld und Schamgefühle darob irritieren die Patientin. Sie weicht dem Blick des Anderen aus. Sie fürchtet ihren gierigen, verschlingenden Blick gegenüber dem Anderen.

Traumbilder erzählen von verfolgenden Männern und Vergewaltigern. Wir können sie in ihrer kompensatorischen Funktion verstehen. Das „Grauen vor der Vergewaltigung" stellt Hillman in die *Konstellation des Pan ... dieser zwingt die sexuelle Realität körperlicher Zeugung einer Bewusstseinsstruktur auf, die noch kein persönliches körperliches Leben hat, deren Leben gänzlich „dort draußen" in der unpersönlichen Natur liegt* (Hillman, 1981, S. 70 f.). Das ist die Nymphennatur der Magersüchtigen.

*Die psychodynamische Idee von der Kompensation würde es so ausdrücken, dass das Konkrete – als Vergewaltigung, als Panik, als Albtraum – uns überwältigt, wenn das Bewusstsein allzu äthe-*

Der gefesselte Teufel, Chorgestühl Memmingen, in Friedemann Fichtl „Der Teufel sitzt im Chorgestühl", 1996, S. 79

*risch und ephemer wird. Das Konkrete kompensiert die Entfernung vom physischen Leben ...*
(ebd. S. 73).

Es sind gerade diese Traumbilder, die uns ermöglichen, die Gier als Ausdruck der archetypischen Natur des Geschlechtlichen anzunehmen und zu reflektieren. Der – vergewaltigende – *Pan (als Gott des Geschlechts) steht am Anfang und im Ursprung des Lebens . . . (er ist) ein Seiender, der nicht bedeutet, sondern der ist* (Walter, 2001, S. 113f.). Übertragen auf an Magersucht Erkrankte: Es geht um ihr Recht, zu sein, ihr Recht auf ein eigenes Leben.

*Menschen mit Essstörungen symbolisieren wie kaum eine andere Gruppierung die emotionale Beziehungslosigkeit und den emotionalen Hunger unserer Gesellschaft und sind auf der Suche nach Halt, Sicherheit, Wärme, Verlass und Mitmenschlichkeit und finden dies vermeintlich im Essen. Sie demonstrieren den tiefen Lebenshunger, der auch ausdrückt, was sie gebraucht hätten und was sie zur Genesung brauchen, Vertrauen und Seindürfen.*
Goedel, 2008, S. 51

Die Sage vom Tod des „Großen Pan" ( Wassmann, 2003) erzählt vom Ende des Glaubens der Menschen an die Naturgottheiten um die Zeitenwende. Mit dem aufkommenden asketischen Ideal des frühen Christentums galt nun:

*Die Bindung an die Erde und an alles, was mit ihr archetypisch-symbolisch verbunden ist, ist Bindung an das Verführende, dessen dämonischfeindliche Gewalt als Natur und Diesseits, als Frau und Körper, als Trieb und Freude an der Herrlichkeit dieser Welt um des Heils der Seele willen zu überwinden ist."*
Neumann, 1992, S. 17

Mit der *Totalen Verwerfung der sinnlichen Liebe und also dessen, was vorher in der Verehrung des Pan als göttlich galt und auch so erlebt wurde* (Wassmann, 2003, S. 198), wurde Pan zum Teufel des christlichen Mittelalters. Diesen charakterisieren die Merkmale des Pan, Ziegenhufe, Hörner und unersättliche Lust. Voluptas, die Wollust, das Begehren, gilt in christlicher Tradition neben der Völlerei, der Gier oder Gefräßigkeit als eine der sieben Todsünden.

Der antike Mythos von Eros und Psyche hingegen nimmt ein anderes Schicksal als der genannte. Psyche, die ihre Neugier nicht zügeln konnte und sehen wollte, wer ihr Gatte war, erblickte das Gesicht des Gottes, das kein Sterblicher sehen darf. So verlor sie den Geliebten. Doch es ist ihr Begehren, das sie nicht ruhen ließ, Eros zu suchen. Nach vielen Prüfungen, die ihr von Aphrodite auferlegt wurden, gewann Psyche den Geliebten mit dem Segen der Götter zurück. Sie bekommen ein Kind, dem sie den Namen Voluptas geben.

Pan konnte sich nicht binden. Seinem Geschlecht fehlte das nuancierte, erotische Begehren, welches die Verbindung zwischen Psyche und Eros umspielt. Dieses Begehren ist schöpferisch und weckt Lebensfreude.

*Die Primärprävention von Essstörungen würde die Förderung einer zwischenmenschlich emotionalen Matrix besonders innerhalb der Familien bedeuten, die verbindend, Halt und Wärme gebend ist und das Fundament für die Entwicklung der individuellen Lebendigkeit und Liebesfähigkeit sein kann, und ist dringend notwendig.*
Goedel, 2008, S. 51

Es ist ein langer Weg in der Psychotherapie dahin, dass die Magersüchtige das Recht, zu sein, für sich gewinnt. Dann kann sich die verdrängte Gier, die süchtig zum vernichtenden Verzehren neigt, wandeln und einem Begehren Raum geben, welches Verlangen und Sehnsucht in der Liebe zu realisieren sucht.

*Der Panik zu widerstehen und Pan liebevoll zu begegnen ... dann kann seine bedrohliche Wildheit verwandelt werden, und seine Naturkräfte können zu ungeahnten Quellen der Lebensfreude werden.*
H. Etter, 1994, S. 89

**Literatur**

*Bruch, H. (1998):* Der goldene Käfig. Das Rätsel der Magersucht. Frankfurt am Main
*Etter, H. (1994):* Mensch – du Affe! In: Jungiana, Reihe A Band 5, 1994. Küsnacht
*Goedel, A. (2008;3:51):* Zeitschrift Ärztliche Psychotherapie. Stuttgart
*Herbst, G. (2001):* Fremdkörper. Reinbek
*Hillman, J. (1981):* Pan und die natürliche Angst. Zürich
*Neumann, E. (1992):* Die Psyche als Ort der Gestaltung. Frankfurt am Main
*Walker, B. G. (1992):* Das geheime Wissen der Frauen. Frankfurt am Main
*Walter, H. (2001):* Pans Widerkehr. München
*Wassmann, X. (2003):* Der Tod des Großen Pan. Küsnacht
*Ziegler, A. (1979):* Morbismus. Zürich.

**Sylvia Runkel**
Fachärztin für Psychosomatische Medizin und Psychotherapie / Psychoanalyse, DGAP / DGPT, niedergelassen in eigener Praxis, Dozentin, Supervisorin und Lehranalytikerin am C. G. Jung-Institut Stuttgart.

# Fasten und Askese

## Wege der Spiritualität

Anselm Grün

Fasten und Askese sind nicht nur ein wesentlicher Teil des spirituellen Weges im Christentum. Auch andere Religionen kennen die Tradition des Fastens und der Askese. C. G. Jung steht diesen Formen der Spiritualität grundsätzlich positiv gegenüber. Das Fasten - so meint C. G. Jung - zwingt die Libido, auf ein Symbol auszuweichen und sie so in eine spirituelle Energie zu verwandeln:

*Einsamkeit und Fasten sind daher die seit alters bekannten Mittel, um jene Meditation, welche den Zugang zum Unbewussten eröffnen soll, zu unterstützen.*
Jung, 1973, S. 427 f.

Und die Askese ist für ihn ein Weg zur Erneuerung und geistigen Wiedergeburt des Menschen (ebd. , S. 485 f.). Er meint, dass die Askese ein Versuch der frühen Mönche war,

*. . . der Rohheit der römischen Verfallkultur zu entfliehen. Askese findet sich immer da, wo die animalische Triebhaftigkeit noch so stark ist, dass sie gewaltsam ertötet werden muss.*
Jung, 1973, S. 108

Jung schätzt die Askese der frühen Mönche hoch. Er meint, es seien ethische Menschen gewesen,

*. . . die der Melancholie jener Zeit, die ein Ausdruck der Zerrissenheit des Einzelnen war, über-*

Foto: CHOATphotographer (www. shutterstock. com)

*drüssig, ihrem Leben ein Ende machten, um in sich eine überholte Einstellung sterben zu lassen*
Jung, 1973, S. 108

Das sind durchaus auch Gedanken, die uns heute bewegen könnten. Heute fühlen sich viele in unserer Gesellschaft innerlich zerrissen. Und es herrscht keine Aufbruchsstimmung, sondern eher eine Melancholie. Wir haben den Eindruck, dass die christlich-abendländische Kultur verfällt. Da wäre es durchaus auch eine gesellschaftliche Herausforderung, durch Askese die überholte Lebenseinstellung sterben zu lassen und eine neue Form von Lebendigkeit zu entdecken, eine andere Ebene, die unserem Leben Sinn gibt.

Ich möchte aber nicht näher auf C. G. Jung eingehen, sondern einfach darlegen, wie die christliche Tradition Fasten und Askese gesehen hat. Beides - Fasten und Askese - hatten in der frühen Kirche einen guten Klang und vermittelten einen angenehmen Geschmack. Die Kirchenväter sprachen davon, dass Gott selbst den Menschen das Geschenk des Fastens gegeben hat, um die Situation in der Gesellschaft zu verwandeln, um das Trübe, das sich in jede Gesellschaft einschleicht, zu reinigen und um zu einer neuen Freiheit und Offenheit für Gott zu gelangen.

**1. Die Fastenpraxis der frühen Kirche**

Die Kirche hat das Fasten nicht erfunden, sondern die Praxis des Judentums und die Anschauungen der griechisch-römischen Welt über das Fasten übernommen und weiterentwickelt. Das Judentum kannte nur einen für alle verpflichtenden Fasttag: den Versöhnungstag. Doch es galt als Zeichen der Frömmigkeit, zweimal in der Woche, am Montag und Donnerstag, zu fasten. So hält es auch der Pharisäer im Evangelium (Lk 18,12). In besonderen Anliegen oder in Notzeiten wurden öffentliche Fasttage ausgerufen, um von Gott Hilfe zu erbitten.

Die Juden verstanden das Fasten einmal als flehentliche Bitte zu Gott, als Zeichen, dass sie es ernst mit ihrem Beten meinten, dann aber auch als Sühne und Buße. Im Fasten bekennen sie sich vor Gott als Sünder und bitten um Vergebung und Hilfe. Beide Aspekte gehören für die Juden zusammen, da für sie eine Not immer auch Zeichen ihres Ungehorsams Gott gegenüber ist. Im Fasten wollen sie zu Gott zurückkehren. Dabei gab es im Judentum immer auch Phasen der Veräußerlichung des Fastens. Dagegen sind die Propheten aufgetreten. Sie haben ihre Glaubensgenossen an den eigentlichen Sinn des Fastens erinnert. So fordert der Prophet Joel die Israeliten auf, indem er das Wort Gottes an sie richtet:

*Kehrt um zu mir von ganzem Herzen mit Fasten, Weinen und Klagen. Zerreißt eure Herzen, nicht eure Kleider, und kehrt um zum Herrn, eurem Gott.*

Joel 2,12 f.

Im Fasten sollen wir unser Herz für Gott öffnen und unser Herz an Gott binden. Der Prophet Jesaja kritisiert die Fastenpraxis, die er zu seiner Zeit vorfindet:

*Ist das ein Fasten, wie ich es liebe, ein Tag, an dem man sich der Buße unterzieht: wenn man den Kopf hängen lässt, so wie eine Binse sich neigt, wenn man sich mit Sack und Asche bedeckt? Nennst du das ein Fasten und einen Tag, der dem Herrn gefällt? Nein, das ist ein Fasten, wie ich es liebe: die Fesseln des Unrechts zu lösen, die Stricke des Jochs zu entfernen, die Versklavten freizulassen, jedes Joch zu zerbrechen, an die Hungrigen dein Brot auszuteilen, die obdachlosen Armen ins Haus aufzunehmen.*

Jes 58,5 ff.

Für Jesaja will das Fasten immer auch ein neues Verhalten gegenüber den Mitmenschen aufrufen.

Die frühe Kirche übernimmt die Übung, zweimal in der Woche zu fasten. Doch sie setzt sich bewusst vom Judentum ab, indem sie in Erinnerung an die Gefangennahme und Kreuzigung Jesu den Mittwoch und Freitag zu Fasttagen erklärt. Im Osten und in Spanien fastet man auch am Montag, im Westen häufig auch am Samstag als Vorbereitung auf den Sonntag. Neben dem weniger strengen Wochenfasten wurde schon sehr bald als Vorbereitung auf Ostern gefastet, anfangs wohl nur ein bis drei Tage, dann die ganze Karwoche und schließlich ab Ende des 3. Jahrhunderts 40 Tage lang. Während man jedoch an den beiden Tagen vor Ostern eine völlige Enthaltung von Speisen verlangte, fastete man am Mittwoch und Freitag und in der Fastenzeit entweder bis zur 9. Stunde (15.00 Uhr) oder, wie Benedikt es in seiner Regel vorschreibt, bis zum Abend.

Die Auseinandersetzung mit der Fastenpraxis des Judentums und einiger Strömungen in der griechischen Welt ist auch noch im Neuen Testament zu spüren. In der Bergpredigt wird vorausgesetzt, dass die Christen fasten. Aber sie sollen sich darin von den Pharisäern unterscheiden, die ihr Antlitz verstellen, damit die

Menschen sehen, dass sie fasten. Die Jünger sollen im Verborgenen fasten, nicht vor den Menschen, sondern vor dem Vater, und sie sollen es mit frohem Gesicht tun (Mt 6,16 ff.).

Von Jesus selbst wird erzählt, dass er 40 Tage lang in der Wüste gefastet habe. Aber gegenüber den Pharisäern macht er nicht den Eindruck eines Fasters. Im Gegenteil, er isst und trinkt mit den Menschen, teilt ihre Freude, sodass man ihn sogar einen Fresser und Weinsäufer nennt (Lk 7,34). Auch seine Jünger müssen sich den Vorwurf gefallen lassen, warum sie nicht fasten wie die Pharisäer und die Jünger des Johannes. Und Jesus gibt zur Antwort:

*Können denn die Freunde des Bräutigams trauern, solange der Bräutigam bei ihnen ist? Es werden aber Tage kommen, da ihnen der Bräutigam genommen ist, dann werden sie fasten«*

Mt 9,15 f.

Für Jesus ist das Fasten offensichtlich ein Zeichen der Trauer. Doch die Trauer hat für seine Jünger keinen Platz, da in ihm selbst die Zeit des Heils und damit der Freude angebrochen ist. Jetzt gilt es, sich von Gott beschenken zu lassen. In dieser Stelle spürt man die Auseinandersetzung der frühen Kirche mit der Praxis der Juden.

Einerseits ist das Fasten durch das Kommen Jesu als des Messias überwunden, auf der anderen Seite aber ist das Kommen noch nicht endgültig. Es gibt weiter Sünde und Tod. Und erst wenn sie endgültig vernichtet sind, hat auch das Fasten seinen Sinn verloren. Jetzt aber fasten die Jünger, weil sie auf den Herrn warten. So erhält ihr Fasten einen neuen Sinn. Es ist nicht mehr so sehr Trauer und Buße, als ein Fasten in Erwartung des kommenden Herrn. Im Fasten bekennen die Christen, dass das Heil noch nicht so da ist, dass sie ganz davon durchdrungen sind. Sie strecken sich im Fasten nach diesem Heil aus, damit sie immer mehr von der Freude erfüllt werden, die Christi Kommen für sie bedeutet, die Freude, dass der Bräutigam mit ihnen Hochzeit feiert.

Die Apostelgeschichte berichtet uns, dass die Gemeinschaft vor der Aussendung des Paulus und Barnabas fastete. Das Fasten war Vorbereitung für die Handauflegung und für die Beauftragung zum Verkündigungsdienst (Apg 14,1 ff.).

Die Didache, der erste christliche Text außerhalb der Heiligen Schrift, fordert das Fasten als Vorbereitung auf die Taufe. Im Fasten stimmt man sich auf das ein, was Gott an einem in der Taufe tun will. Fasten war für die Urkirche keine Privatsache, sondern stand im Zusammenhang mit der Liturgie und wurde gewöhnlich gemeinsam praktiziert. Die gemeinsamen Fasttage nannte man Stationen. Statio meint eigentlich »Wachtposten«. Für die Christen waren die Fasttage Tage, an denen man wacher als sonst auf Gott hin lebte, an denen man sich als Abschluss des Fastens zum gemeinsamen Gebet oder zur Eucharistie versammelte. Das Fasten verband die Christen zu einer Gemeinschaft. Es war nicht ein privates asketisches Werk, sondern eine Form gemeinsamen Betens und Wachens.

Die Christen der Urkirche fasteten nicht, weil sie sich von Jesus besonders dazu aufgefordert wussten. Im Gegenteil, Jesus steht dem Fasten eher kritisch gegenüber. Die Christen fasteten, weil das in ihrer Umwelt als ein Zeichen für frommes und gottgefälliges Leben galt. Die Christen fanden das Fasten als fromme Übung vor und fügten es in ihre Glaubenspraxis ein. Dabei teilten sie großenteils die Anschauungen der Antike, wie z. B. der griechischen Philosophenschulen, der Volksmedizin und der verschiedenen Mysterienkulte.

Wenn wir nun das christliche Verständnis vom Fasten darlegen wollen, so lässt sich dabei das spezifisch christliche Element nicht klar von den anderen heidnischen oder humanen Elementen trennen. Das ist auch nicht so wichtig. Die Christen reihen sich mit ihrer Praxis ein in die Erfahrungen, die die Menschen vor ihnen und mit ihnen damit gemacht haben.

Und offensichtlich waren diese Erfahrungen so gut, dass sich die Praxis der frühen Kirche herausbilden konnte. Allerdings wusste die Kirche immer auch schon um die Gefahr, das Fasten nur rein äußerlich zu üben oder aus Motiven, die nicht mehr christlich sind. Immer wenn das Fasten nur aus Angst geübt wird, führt es nicht in die eigene Wahrheit und nicht zu Gott.

## 2. Fasten als Heilmittel für Leib und Seele

Eine erste Erwartung, die man an das Fasten stellte, war die heilende Wirkung auf Leib und Seele. Das Fasten soll den Menschen zunächst einmal vor dämonischen Einflüssen schützen. Der Grund für diese Anschauung liegt im Verständnis der Nahrungsaufnahme bei den primitiven Völkern. Man hat Angst, mit der Nahrung dämonische Kräfte in sich einzulassen. In der Antike hat man ganz bestimmten Speisen besonderen dämonischen Einfluss zugeschrieben. So meinen die Pythagoreer, dass man im Fleisch eines getöteten Tieres dessen dämonische Seele in sich aufnehme. Daher verbieten sie den Fleischgenuss.

Andere Richtungen sehen nur in bestimmten Tieren die Dämonen am Werk. So glauben die Magier, dass im Ziegenfleisch ein Krankheitsdämon sitze, der Epilepsie hervorrufe. Und sie verbieten das Schweinefleisch, weil es Haut-

krankheiten verursache und die Geschlechtslust erhöhe. Die Dämonen können jedoch auch in Pflanzen wirksam sein. So verbieten die Pythagoreer den Genuss von Bohnen, weil dort die Seelen der Verstorbenen wohnen und in uns unruhige und quälende Träume verursachen.

Ein Grund für viele Fastenvorschriften ist daher der Schutz vor dämonischer Infizierung. Weil man nicht krank werden will, enthält man sich der Speisen, die einen Krankheitsdämon in sich tragen. Weil man nicht von bösen Dämonen beherrscht werden will, meidet man die Nahrung, die vom Dämon infiziert ist.

Ein weiterer Grund für das Fasten ist in der Antike die stärkende Wirkung. Diese Anschauung findet man vor allem in der Volksmedizin, aber auch in den Zauberritualen verschiedener religiöser Richtungen. Heilung erwartet man vom Fasten vor allem bei entzündlichen Krankheiten, bei Rheuma und Katarrh. Auch gegen Albträume soll das Fasten gut sein.

Sowohl die Volksmedizin als auch die Zauberrituale versprechen sich eine größere Wirkung von Medikamenten und Zaubermitteln, wenn man vor ihrer Einnahme eine Zeit lang fastet. Und das Fasten stärkt auch die Kraft des Zauberers. Die Wunderwirkung berühmter Zauberer wird in zahlreichen Sagen mit ihrem enthaltsamen Leben in Zusammenhang gebracht.

Die griechischen Philosophenschulen erwarten sich vom Fasten aber nicht nur Schutz vor Krankheit und dämonischen Einflüssen, sondern auch eine Reinigung des Geistes, innere Zufriedenheit, Freiheit und Glück. Sie sehen es im Zusammenhang mit ihrem Lebensziel. Das Ziel der Kyniker zum Beispiel war die Selbstgenügsamkeit (egkrateia), die Fähigkeit, auf alle nicht zur Existenz notwendigen Be-

Foto: t0m15 (www. fotolia. com)

Foto: K. -U. Häßler (www. fotolia. com)



dürfnisse zu verzichten. Der Weg zu diesem Ziel war für sie das Fasten.

Für die Stoa war das höchste Ziel die eudaimonia, das Glück, das in der inneren Freiheit bestand, in einem vernunftgemäßen Leben, das nicht durch Emotionen und durch irrationale Motivationen getrübt ist. Auch in der Stoa nimmt die Nahrungsaskese einen breiten Raum ein. Sie ist das Training in die innere Freiheit, in ein vernunftgemäßes Leben. Das Fasten heilt den Menschen an Leib und Seele, es führt ihn in die innere Freiheit, es ist ein Weg zur Selbstverwirklichung, zum inneren Glück.

Ähnliche Motive des Fastens kennen auch die großen Religionen, der Hinduismus, der Buddhismus und der Taoismus. In China gibt es das Verbot des nächtlichen Essens, da in der Nacht die Gefahr besteht, dass der Essende das Opfer von Dämonen wird.

Der Islam hat im Fastenmonat Ramadan eine eigene Tradition des Fastens entwickelt. Für ihn ist das Fasten eine von Gott verordnete heilsame Arznei gegen die Leichtlebigkeit.

Buddha bereitet sich durch Fasten auf seine Sendung vor, ähnlich wie Mohammed und Jesus. In allen Religionen ist das Fasten ein Weg der inneren Reinigung und des Sich-Öffnens gegenüber Gott und der göttlichen Kraft.

In der Tradition der antiken Philosophenschulen betonen auch die Kirchenväter in ihren Schriften die positiven Wirkungen des Fastens auf Leib und Seele. Johannes Chrysostomus spricht in einer Predigt einmal von der Arznei des Fastens, das uns Gott geschenkt

hat. Weil sich der Mensch von Natur aus gerne der Lust hingibt und sein Maß nicht einhält, darum muss er immer wieder fasten, um sich innerlich frei zu machen von übertriebenen Sorgen um die Dinge dieser Welt und um sich mehr geistlichen Dingen widmen zu können.

Cassian meint, dass die Menge der Speisen das Herz abstumpft. Für die alten Mönche besteht offensichtlich ein enger Zusammenhang zwischen der Seele und dem Leib. Wenn der Leib fett wird, wird auch die Seele fett und stumpf. Das viele Essen mindert die geistige Wachheit des Menschen. Leibliche und seelische Gesundheit bilden eine Einheit.

Athanasius bleibt jedoch nicht bei rein körperlichen Wirkungen des Fastens stehen. Das Fasten vertreibt böse Geister, verscheucht verkehrte Gedanken und gibt dem Geist größere Klarheit. Das Fasten reinigt Leib und Seele. Hier zeigt sich, dass Athanasius realistisch vom Menschen denkt. Er versteht ihn als Einheit von Leib und Seele. Die Klarheit der Gedanken und die Gesundheit des Leibes hängen für ihn eng zusammen. Wenn ich auf einen gesunden Leib bedacht bin, muss ich mich um gute Gedanken kümmern. Und umgekehrt kann ich nicht erwarten, dass mein Geist klar ist, wenn ich den Körper mit Essen vollstopfe.

Basilius der Große betont in seinen Predigten immer wieder die heilsamen Wirkungen des Fastens auf Leib und Seele. Er erinnert daran, dass die Ärzte den Kranken Fasten verschreiben und dass ein Körper, der sich mit mäßiger und leichter Kost begnügt, eher den Krankheiten entgeht als einer, der sich mit vielen köstlichen Speisen überlädt, die er nicht mehr verdauen kann. Und das Fasten ist ein wirksames Heilmittel gegen die Sünde. Man solle froh über dieses Heilmittel gegen die Sünde sein und daher mit frohem Gesicht fasten, anstatt sich wie ein Schauspieler zu verstellen, um bei den anderen den Eindruck eines großen Asketen zu erwecken. Denn sonst nützt einem das Fasten nichts.

Für Basilius hat das Fasten nicht nur eine Auswirkung auf den Einzelnen, sondern auf die ganze Gesellschaft. Diese soziale Dimension des Fastens sollten wir heute neu bedenken. Wenn wir gemeinsam fasten, dann erzeugen wir eine Energie, die sich auf die Gesellschaft auswirkt. Die gemeinsame Fastenzeit ist nicht nur eine Zeit persönlicher Reinigung und Reifung, sondern auch eine heilsame Zeit für die ganze Welt. Fasten braucht auch Öffentlichkeit.

Auch wenn wir mit dem Fasten nicht angeben sollen, so brauchen wir den Mut, das Fasten in der Öffentlichkeit sichtbar werden zu lassen, damit auch andere angesteckt werden, aus der Tretmühle des Konsums herauszutreten, sich geistig zu erneuern und zu befreien vom Diktat der Werbung, die uns einredet, was wir täglich bräuchten.

**3. Fasten als Kampf mit den Leidenschaften und Lastern**

Das Verständnis des Fastens als Kampf gegen die Laster finden wir vor allem im alten Mönchtum. Laster ist für die Mönche allerdings weniger ein Fehler, den wir bekämpfen sollen. Die Mönche sprechen weniger von Lastern als von Leidenschaften. Die Leidenschaften sind Kräfte, die der Mensch für sein Leben braucht. Aber die Leidenschaften haben in sich auch die Tendenz, maßlos zu werden und den Menschen zu beherrschen. Beim Kampf mit den Lastern geht es also mehr um ein Ringen mit den Leidenschaften. Es geht – wie es ein Psychologe einmal ausgedrückt hat – um das Freiwerden vom pathologischen Verhaftetsein an seine path, an seine Leidenschaften. Es geht darum, mit den Leidenschaften so um-

zugehen, dass sie mir und der tiefsten Absicht meines Lebens dienen. Dann sind die Leidenschaften Kräfte, die uns auf Gott hin treiben. Wenn die Mönche vom Sieg über die Laster sprechen, dann meinen sie nie, dass sie sie ausgerottet haben. Vielmehr bedeutet Sieg, dass sie nicht mehr von den Leidenschaften beherrscht werden, sondern die Leidenschaften einsetzen für ihre Suche nach Gott und für ihre Liebe zu den Menschen. Das Fasten soll also die Leidenschaften reinigen und verwandeln, dass sie zu positiven Kräften in uns werden. Der Christ soll leidenschaftlich Gott lieben und leidenschaftlich für seine Brüder und Schwestern einsetzen.

Die Mönche setzen das Fasten als bewährtes Mittel im Ringen um die Reinheit des Herzens ein, die ihr eigentliches Ziel ist. Sie wollen für Gott offen werden, sie wollen erreichen, dass sie beständig in der Gegenwart Gottes leben und in ihren Gedanken und Gefühlen immer bei Gott und in Gott sind. Reinheit des Herzens bedeutet für sie, in ihrem Herzen zur Ruhe zu kommen, weil das Herz ganz auf Gott gerichtet und von seinem Geist durchdrungen ist.

Um dieses Ziel zu erreichen, setzen die Mönche verschiedene Mittel ein: Gebet und Meditation, Schweigen, Handarbeit, Bruderliebe und eben auch das Fasten. Alle diese Mittel gehören zusammen. Wenn wir daher nun über das Fasten sprechen, ist der Zusammenhang mit dem Beten, mit der Handarbeit und der Bruderliebe immer im Auge zu behalten.

Mit dem Fasten eröffnet der Mönch den Kampf gegen die Laster, gegen die Feinde der Seele, die ihn davon abhalten wollen, sich ganz auf Gott auszurichten. Im Fasten werde ich konfrontiert mit all den verdrängten Trieben. Da begegne ich meiner eigenen Wahrheit. Mit gutem Essen und Trinken kann ich vieles verdrängen. Meine tief im Herzen sitzende Unlust und Leere können gar nicht hochkommen. Im Fasten begegne ich mir selbst, begegne ich den Feinden meiner Seele, dem, was mich innerlich gefangen hält.

Als in einer Diskussion über das Fasten in unserem Konvent ein Mitbruder meinte, es sei doch wohl besser, lieber nicht zu fasten und guter Laune zu sein, als zu fasten und für die anderen zur Last zu werden, weil man ständig schlecht gelaunt sei, da meinte ein anderer, er halte das für einen Trugschluss. Wenn wir unserer schlechten Laune dadurch aus dem Weg gehen, dass wir gut essen und trinken, dann lernen wir uns nie kennen. Kann ich denn nur gut gelaunt sein, wenn ich esse und trinke? Was ist denn der Grund meines inneren Friedens? Was hält mich eigentlich bei guter Laune? Kann ich mit mir und Gott nur zufrieden sein, wenn meine Bedürfnisse nach Essen und Trinken gestillt sind?

Sicher ist es nicht gut, wenn wir uns jeden Genuss versagen und dann für andere ungenießbar werden. Aber darum geht es im Fasten gar nicht. Es geht vielmehr darum, in mir zu entdecken, was mich eigentlich hält, wovon ich im Grunde lebe. Gerade wenn ich im Fasten bewusst die vielen Ersatzbefriedigungen aus der Hand lege, die mich oft genug betäuben oder blind machen, erkenne ich meine innerste Wahrheit.

Im Fasten nehme ich die Hülle weg, die über meinen brodelnden Gedanken und Gefühlen liegt. So kann alles hochsteigen, was in mir ist, meine unerfüllten Wünsche und Sehnsüchte, meine Begierden, meine Gedanken, die nur um mich kreisen, um meinen Erfolg, um meinen Besitz, um meine Gesundheit, um meine Bestätigung. Im Fasten werde ich meinen negativen Gefühlen begegnen, die sich oft hinter einer freundlichen Fassade verstecken, Gefühlen wie Zorn, Bitterkeit und Traurigkeit. Die durch Aktivitäten oder durch die vielen Selbsttrostmittel im Essen und Trinken mühsam verdeckten Wunden brechen auf. Alles Verdrängte wird offengelegt. Das Fasten deckt mir auf, wer ich bin. Es zeigt mir meine Gefährdungen und gibt mir an, wo ich den Kampf aufnehmen muss.

## 4. Askese

Heute hat das Wort Askese einen eher negativen Beigeschmack. Es verweist auf Verzicht, auf eine negative Einstellung zu den Freuden des Lebens. Doch vom Ursprung her ist As-

kese Übung und Training. Das Wort kommt aus dem sportlichen und militärischen Bereich. Sportler und Soldaten trainierten, damit sie höhere Leistungen erzielen konnten. Die griechischen Philosophen haben diesen Begriff übernommen. Sie wollten sich in geistige Haltungen hinein trainieren, vor allem in die Haltung der inneren Freiheit. Letztlich ist Askese also Training in die innere Freiheit. In diesem Sinn haben die Christen diesen griechischen Begriff verstanden und übernommen. Allerdings wurde dieser Begriff im Mittelalter oft nur im verneinenden Sinn verstanden. Dann sprach man von Abtötung. In der Abtötung wird die aggressive Seite der Askese deutlich. Sie ist gegen mich gerichtet. Doch die Askese, wie sie die Griechen und auch die griechischen Kirchenväter verstanden haben, ist Übung in ein bewussteres Leben hinein. Die Alten hatten Lust an der Askese. Sie wetteiferten sogar in der Askese.

Askese ist durchaus etwas Männliches. In ihr bekommt die Aggression ihre berechtigte Stellung in der Spiritualität. Doch manchmal wird hier die Grenze überschritten. Es wird dann kein Kampf mehr für das Leben, sondern ein Abtöten, ein Negieren des Lebens. Der heilige Benedikt spricht noch von militia Christi. Die Mönche sollen für Christus Kriegsdienste leisten. Das ist uns heute fremd. Heute sind wir in Gefahr, eine Wellness-Spiritualität zu verkünden. Der geht es nur um „Sich-Wohlfühlen".

Gegen diese letztlich unfruchtbare Form von Spiritualität, von der keine Kraft mehr ausgeht, haben die Mönche Lust entwickelt, sich in die innere Freiheit einzuüben. Ihre Spiritualität atmete Kraft und Freiheit. Sie nimmt den Menschen ernst.

C. G. Jung hat diese Form von Spiritualität gut geheißen und unterstützt. Für ihn war klar, dass Menschwerdung immer auch Kampf bedeutet. Allerdings sollen wir für das Leben kämpfen und nicht dagegen. Im Kampf für das Leben müssen wir uns jedoch ernsthaft auseinandersetzen mit unseren Leidenschaften, mit den Gefährdungen unseres Lebens, mit unserem Hang zur Sucht, mit unserer Tendenz, uns gehen zu lassen und gelebt zu werden, anstatt selbst zu leben. Unserer Zeit täte diese kraftvolle Spiritualität wieder gut. Sonst werden die Christen nur narzisstisch um sich kreisen, aber keine Wirkung mehr für diese Welt erzielen.

Askese darf jedoch nicht gegen meine psychische Struktur geschehen, sondern muss sie berücksichtigen. Eine Askese, die nur von hohen Idealen ausgeht, ohne die menschlichen Bedürfnisse und ohne unsere Lebensgeschichte mit ihren Verletzungen zu beachten, wird den Menschen krank machen.

Digitales Fasten, Foto: juliasudnitskaya (www. fotolia. com)

Eine Askese dagegen, wie sie die frühen Kirchenväter verstanden haben, geht von einem positiven Menschenbild aus. Ich bin nicht festgelegt durch meine Lebensgeschichte, durch die Verletzungen meiner Kindheit. Ich kann an mir arbeiten. Ich kann mich trainieren, sodass ich menschlich und spirituell weiterkomme. Bei den Mönchen spürt man einen richtigen Wetteifer in der Askese, Lust an der Askese. Sie maßen ihre Kraft, indem sie probierten, wie viel Fasten ihnen guttat. Sie versuchten, immer freier zu werden von äußeren Umständen. Natürlich gab es auch da Übertreibungen und Verfälschungen.

Manchmal zog der Leistungsgedanke zu sehr in die Askese ein. Askese ist für uns Christen immer auch Askese der Schwachheit, ein Weg, unsere eigenen Grenzen zu akzeptieren. Aber dennoch täte uns heute eine asketische Spiritualität wieder gut. Soziologen sprechen davon, dass Eliten in der Gesellschaft sich immer durch Askese ausgezeichnet haben. Als Christen sollten wir – ähnlich wie es Paulus zu seiner Zeit forderte – eher Elite sein als der breiten Masse nachzulaufen. Und gerade unsere Welt, die durch Maßlosigkeit geprägt

ist, könnte durch die christliche Askese wieder neue Maßstäbe gewinnen, wie sie mit der Schöpfung gut und nachhaltig umgeht und wie sie diese Welt für kommende Geschlechter bewahren kann.

Ein Mittel der Askese ist auch der Verzicht. Verzicht soll aber nicht zu einer lebensverneinenden Haltung führen. Für Sigmund Freud gehört Verzicht durchaus zum Weg der Menschwerdung. Wer nicht gelernt hat zu verzichten, wird auch nie ein starkes Ich entwickeln. Er wird sonst leicht Sklave seiner eigenen Bedürfnisse. Die Fastenzeit, die die Kirche vor Ostern gesetzt hat, ist eine Trainingszeit in die innere Freiheit. Jeder setzt sich Ziele, wo er sich frei fühlen will: Der eine setzt auf die Freiheit von Alkohol oder Kaffee, der andere auf Freiheit von Fernsehen oder Smartphone. Der Verzicht ist nicht Ausdruck der Lebensverneinung. Vielmehr kann nur der wirklich genießen, der auch verzichten kann. Wer jedes Bedürfnis sofort erfüllen muss, der ist auch unfähig, das, was er isst, was er trinkt, was er sich gönnt, wirklich zu genießen. Der Verzicht erhöht den Genuss. Das wussten alle Kulturen und Religionen.

So wie der Sportler sich ein Trainingsprogramm zurechtlegt, so sollten wir in der Fastenzeit uns auch ein Trainingsprogramm zurechtlegen. Das Ziel ist immer Freiheit und innere Reinigung. Fasten und Askese wollen uns reinigen, einmal den Körper, zum andern aber auch den Geist.

Der Geist wird gereinigt, indem wir z. B. ein Trainingsprogramm aufstellen, einmal eine Woche lang nicht über andere zu reden. Indem wir darauf verzichten, unsere eigenen Probleme auf andere zu projizieren, werden wir mit uns selbst konfrontiert. Das kann zur inneren Reinigung unserer Gedanken führen. Wir verzichten darauf, über andere zu urteilen und sie zu bewerten. Wir sehen in ihnen einen Spiegel für uns selbst, in den wir hineinschauen. Das führt zur ehrlichen Selbsterkenntnis, die ein wesentlicher Bestandteil christlicher Askese ist.

Im Neuen Testament kommt das Wort „askeo" nur einmal vor. Lukas, der Grieche unter den Evangelisten, benutzt es in der Rede des Paulus vor dem römischen Statthalter Felix:

*Darum bemühe (askeo) auch ich mich, vor Gott und den Menschen immer ein reines Gewissen zu haben.*

Apg 24,16

Hier geht es darum, das Gewissen einzuüben. Bei den Griechen war vor allem die Bedeutung: den Körper bearbeiten durch bestimmte Trainingsprogramme. Aber auch die Griechen kannten die geistige Askese, die Übung in der Bezähmung der Leidenschaften und der Beherrschung der Gedanken und Triebe. Paulus selbst hat in seinen Briefen nie das Wort „Askese" benutzt. Aber in 1 Kor 9,25 ff. schreibt er davon, wie er seinen Leib züchtigt:

*Jeder Wettkämpfer lebt völlig enthaltsam; jene tun dies, um einen vergänglichen, wir aber, um einen unvergänglichen Siegeskranz zu gewinnen. Darum laufe ich nicht wie einer, der ziellos läuft, und kämpfe mit der Faust nicht wie einer, der in die Luft schlägt; vielmehr züchtige und unterwerfe ich meinen Leib, damit ich nicht anderen predige und selbst verworfen werde.*

Paulus hat hier die griechische Askese vor Augen. Er läuft nicht bei der Olympiade mit. Aber er versteht sich als geistlichen Asketen und Wettkämpfer. Die frühen Mönche haben diesen Begriff des Athleten für sich gebraucht. Sie sind die Athleten, die die Askese als geistliches Training benutzen, um innerlich auf dem Weg zu Gott weiterzukommen. Sie wollten nicht nur über den Glauben sprechen, sie wollten ihn auch leben.

Und ihr Glaube und ihr Vertrauen auf Gott sollte in ihrer Askese zum Ausdruck kommen. Da wurde sichtbar, dass sie auf Gott ihre Hoffnung setzten und nicht auf die Erfüllung ihrer Bedürfnisse.

In der Askese steckt das Vertrauen, dass wir nicht hilflos unseren neurotischen Lebensmustern und den Verletzungen der Kindheit ausgeliefert sind. Wir können etwas tun. Die Askese ist keine Garantie, dass wir unsere Wunden heilen können. Aber wir bleiben nicht in der Opferrolle stecken, sondern tun das, was in unserer Macht ist. Wir stellen ein Trainingsprogramm zusammen, das uns hilft, Abschied zu nehmen von der Opferrolle und selbst aktiv zu werden. Insofern entspringt die Askese einer optimistischen Lebensauffassung. Es lohnt sich, an sich zu arbeiten. Die Heilung kommt immer von Gott. Aber die Askese bereitet den Menschen dazu vor, dass Gott in ihm wirken kann.

**Schlussbetrachtung**

Fasten und Askese waren für die ersten Christen und die frühen Kirchenväter und Mönche wesentliche Bestandteile des christlichen Weges. Ihre Lust, durch Fasten und Askese sich für Gott und sein Wirken zu öffnen, könnte auch uns heute motivieren, auf das eine oder andere einmal zu verzichten, um zu erkennen, wie abhängig wir von manchen Dingen und von manchen Gewohnheiten sind. Indem wir bewusst einmal verzichten, beweisen wir uns, dass wir noch frei sind, dass wir noch nicht süchtig sind nach Alkohol oder Kaffee oder nach Arbeit, sondern dass wir frei sind.

Das Ziel dieses Freiseins ist die Leere für Gott. Die Lateiner nennen das „vacatio Deo -

für Gott frei sein". Wenn wir für Gott frei werden, dann vermag Gott erst das an uns zu wirken, was er uns in seinem Sohn Jesus Christus versprochen hat, dass wir eins sein dürfen mit ihm, um in der Einheit mit Christus auch eins zu werden mit Gott. Das ist unsere größte Würde, von Gottes Geist ganz und gar durchdrungen zu werden. Es ist ein Tun Gottes, das uns verwandelt. Aber damit dieses Tun Gottes möglich wird, müssen wir das tun, was in unserer Hand liegt. Und das sind eben: Fasten und Askese.

**Literatur**
*Grün, A. (1884):* Fasten - Beten mit Leib und Seele. Münsterschwarzach
*Jung, C. G. (1973):* Symbole der Wandlung, GW 5. Olten.

**Anselm Grün OSB**
Benediktinermönch und bis 2013 wirtschaftlicher Leiter der Abtei Münsterschwarzach bei Würzburg. Kurstätigkeit, Vortragstätigkeit, Autor von 300 Büchern mit einer Gesamtauflage von über 14 Millionen, seit 1991: geistlicher Begleiter im Recollectiohaus, einem Haus für Priester und Ordensleute in Krisensituationen.

...
*Natur ist göttlich voll; wer kann sie leisten,*
*wenn ihn ein Gott nicht so natürlich macht.*
*Denn wer sie innen, wie sie drängt, empfände,*
*verhielte sich, erfüllt in seine Hände.*

*Verhielte sich wie Übermaß und Menge*
*und hoffte nicht noch Neues zu empfangen,*
*verhielte sich wie Übermaß und Menge*
*und meinte nicht, es sei ihm was entgangen,*
*verhielte sich wie Übermaß und Menge*
*mit maßlos übertroffenem Verlangen*
*und staunte nur noch, dass er dies ertrüge:*
*die schwankende, gewaltige Genüge.*

R. M. Rilke. Aus: Winterliche Stanzen, 1913

# Miteinander essen, um zu leben – zu Sinn und Symbolik des Abendmahls

Johannes Dürr

Das Abendmahl von Leonardo da Vinci (1452-1519), Dominikanterkirche Santa Maria delle Grazie, Mailand (www. wikimedia. org)

Vielschichtig sind die Traditionen und Motive, die in jenes Gemeinschaftsmahl eingeflossen sind, das man heute auf evangelischer Seite Abendmahl und auf katholischer Seite Eucharistie nennt. Auch wenn dieses Mahl heutzutage vorwiegend als sakramental-zeichenhafte Feier im Rahmen des Gottesdienstes gehalten wird, besteht doch ein wesentlicher Zusammenhang mit Mahlzeiten, die der Sättigung dienen und zugleich Ausdruck einer Gemeinschaft sind. Der älteste Abendmahlstext des Neuen Testaments lässt noch erkennen, dass Sättigungs- und Kultmahl aufeinander bezogen sind: Paulus tadelt in 1. Korinther 11, dass die einen schon gegessen haben, ja bereits betrunken sind, während die andern noch hungrig sind. Solche fehlende Solidarität der

Reichen mit den Armen bedeutet für ihn, dass das Mahl nicht mehr als „Herrenmahl" gelten kann, also als ein Mahl, dessen Herr Gastgeber und zugleich Inhalt Christus ist.

Darin lässt sich noch eine der Wurzeln des Abendmahls erkennen: die Tischgemeinschaft Jesu mit „Zöllnern und Sündern", in welcher es zu einem Miteinander unterschiedlicher sozialer und religiöser Zugehörigkeiten kam. Sie stand im Zeichen des Reiches Gottes und seiner Gerechtigkeit, dessen Zukunft im gegenwärtig heilenden und versöhnenden Geschehen schon real wird.

Damit ist bereits eine zweite Wurzel angesprochen: Tischgemeinschaft als Bild einer kommenden universalen Gemeinschaft, wie es etwa in Lukas 13,29 heißt: *Es werden kom-*

*men von Osten und von Westen, von Norden und von Süden, die zu Tisch sitzen werden im Reich Gottes.* Sie ist ein Gegenbild zu den herrschenden Gepflogenheiten. In der griechisch-römischen Kultur dienten Gastmähler nicht zuletzt der Sicherung der eigenen Identität. Die Tischanordnung war hierarchisch ausgerichtet. Im Reich Gottes jedoch hat die Einladung der Unterprivilegierten Priorität (siehe Lukas 14,12 ff. sowie das folgende Gleichnis vom großen Abendmahl). Menschen in der Nachfolge Jesu sollen seinem Beispiel folgen: Statt nach einem Ehrenplatz ganz oben zu streben, sollen sie einander dienen (siehe Markus 10,35 ff.) – bezeichnenderweise überliefert das Johannesevangelium anstelle des letzten Mahls Jesu die Szene, bei der Jesus seinen Jüngern die Füße wäscht zum Zeichen seines Dienstes an den Menschen.

Die genannten Markusverse sehen die hierarchische Ordnung in einem Zusammenhang mit der Ausübung von Gewalt durch die Herrschenden. In der Konsequenz seines Handelns wurde Jesus selbst zu einem Opfer der Gewalt herrschender Kräfte. Die Erinnerung an diesen gewaltsamen Tod und seine Bedeutung bezieht sich nun auf die dritte und wichtigste Wurzel des Abendmahls: Jesu letztes Mahl mit seinen Jüngern am Vorabend seines Todes. Es ist in den ersten drei Evangelien in den Rahmen eines Passahmahles gestellt. Allerdings wird es sich nicht wirklich um ein Passahmahl gehandelt haben, da Jesus bereits am Tag vor Passah gekreuzigt wurde.

Dennoch steht das Abschiedsmahl Jesu sachlich in Kontinuität zum jüdischen Passahmahl: Es erinnert an ein vergangenes Geschehen, den Auszug Israels aus Ägypten, und vergegenwärtigt es. In Segensworten, Erzählungen und Gebeten zum Becher mit Wein und zum ungesäuerten Brot wird dieses Geschehen gedeutet. Zudem ist es zur Zeit Jesu bestimmt von der Erwartung des Messias. Entsprechend nimmt Jesus Brot und Kelch und deutet sie auf seinen Tod. Zugleich stellt er in Aussicht, dass er von neuem aus dem Kelch trinken werde im Reich Gottes, und mit diesem Kelch verbindet er die Verheißung eines

neuen Bundes mit den Seinen – wobei dieser Bund wiederum in Verbindung steht mit alttestamentlichen Bundesmahlzeiten (2. Mose 24,8 und 11).

Dies schlägt die Brücke zu einer vierten Wurzel des Abendmahls: den Mahlzeiten des Auferstandenen mit den Seinen, die sich dann fortsetzten in der Mahlgemeinschaft der ersten Christen, wie es z. B. in Apostelgeschichte 2,46 heißt: *Und sie waren täglich einmütig beieinander im Tempel und brachen das Brot hier und dort in den Häusern, hielten die Mahlzeiten mit Freude und lauterem Herzen.* Aus dieser Form hat sich dann später die Feier der Agape, des Liebesmahles entwickelt, getrennt von der sakramentalen Feier.

Wesentliches Element dieser Mahlfeiern war die Erinnerung und Vergegenwärtigung des Todes Jesu. Dabei handelte es sich um viel mehr als um ein Totengedenkmahl: Jesu Leben und Tod wurden vielmehr in den Horizont des Auferstehungsglaubens gestellt. Wichtig ist, dass beides zusammengehalten wird: die geglaubte reale Gegenwart des Auferstandenen, wenn Brot und Wein geteilt werden in einer erneuerten Tischgemeinschaft, die jener bis zum letzten Mahl Jesu entspricht – und die Gemeinschaft des kommenden Reiches Gottes.

Es geht also beim Abendmahl um beides: Um Tod und um neues Leben. Damit handelt es sich um eine Symbolhandlung mit ausgeprägter Ambivalenz. Diese ist schon in einer Grundstruktur des Lebens gegeben: Leben lässt sich nicht trennen von der Tatsache, dass es auf Kosten anderen Lebens geschieht. Elementar zeigt sich dies im Vorgang des Essens: Was den Menschen ernährt, wird zugleich vernichtet. Nur in der biblischen Urgeschichte soll dies vermieden werden, indem dem Menschen als Nahrung Pflanzen mit Samen und Früchte von Bäumen zugewiesen werden (1. Mose 1,29) – eine Ernährungsform, die heute die sehr kleine Zahl der sogenannten Frutarier praktiziert, zeitweise gehörte auch Mahatma Gandhi zu ihnen. Doch schon im Prinzip leben die Menschen dieser Welt nicht (mehr) in naiver Unschuld: Sie haben vom Baum der Erkenntnis des Guten und Bösen gegessen und tragen ihren Schatten mit sich. Dem trägt der Bund Rechnung, den Gott nach der Sintflut schließt: In ihm wird dem Menschen als Speise zugewiesen „alles, was sich regt und lebt" (1. Mose 9,3) – nur soll das Fleisch nicht mit seinem Blut gegessen werden – eine Bestimmung, die wohl den Sinn hatte, das Blut als damals angenommenen Sitz des Lebens zu erhalten, um so neues Leben zu ermöglichen.

Gegenüber Tabubrüchen und Gefährdungen des Lebens haben sich dann in den Religionen Esskulturen mit vielerlei Regelungen, Geboten und Verboten entwickelt, nicht zuletzt Opferriten: Sie sollten das Überleben garantieren und mussten doch auch Angst abwehren im Zusammenhang mit Schuldgefühlen.

Im Zusammenhang mit dem Tod Jesu zeigt sich noch einmal anders die Ambivalenz eines Opfers: Wie kann sein Tod so vergegenwärtigt werden, dass er nicht neue Gewalt gegenüber den Verursachern hervorruft, sondern als Ende der Gewalt gilt und zur Versöhnung führt?

In drastischer Weise zeigt sich die Ambivalenz des Verzehrens im Johannesevangelium: Jesus versteht sich da als Brot des Lebens. Wer davon isst, der wird leben (Johannes 6,50). Das musste in letzter Konsequenz zum Vorwurf des Kannibalismus führen (Johannes 6,50 ff.), womit sich Menschen die Gotteskraft einverleiben wollten – Vorstellungen, wie sie in zeitgenössischen Mysterienkulten eine Rolle spielten, z. B. im Dionysos-Kult. Bei Johannes handelt es sich allerdings um Symbolisierungen: Das Himmelsbrot wird als neues Manna verstanden. Und das Weinwunder in Johannes 2 stellt Jesus als neuen und anderen Dionysos heraus, der da seine messianische Hochzeit feiert.

Wie wichtig es ist, auch die unheimliche Seite des Abendmahls zu entschlüsseln und in heilsamer Weise damit umzugehen, zeigen Gedanken wie die folgenden: Brot als Grundnahrungsmittel symbolisiert im Abendmahl das Lebensnotwendige. Schon beim Säugling führt die Nahrungsaufnahme zu einem grundlegenden Vertrauen in das Leben, während

Hunger Verzweiflung verursacht. Störungen in diesem Prozess können im Leben zu Störungen des Selbst- und Fremdwerterlebens führen. Taufe und Abendmahl sprechen nun dem Menschen eine neue Identität zu, ein Sein in Christus, eine Existenz im „Leib Christi", die es im Leben einzuüben gilt, nicht zuletzt in Konsequenz der Abendmahlsgemeinschaft. Mit dem Brot des Abendmahls ist zugleich eine Makro-Ebene zu bedenken: Unvermeidlich haben Menschen in reichen Ländern teil an ungerechten Strukturen, die in anderen Regionen zu einem Mangel an ausreichender Ernährung führen.

Das Symbol des miteinander Teilens zielt darum darauf, nach Wegen zu mehr Gerechtigkeit zu suchen. Es hat zugleich eine spirituelle Seite: Geteilt werden soll da nicht der Besitz verstanden als Privat-Eigentum. Vielmehr wäre alles Wirkliche als „gegeben" zu verstehen, Ausdruck der Fülle göttlicher Gnade, verstanden als freie Zuwendung all dessen, was für Leib und Seele nötig ist zum Leben. So hat es bereits Martin Luther verstanden, wenn er z. B. in seiner Schrift *Bekenntnis vom Abendmahl Christi* schreibt:

*Gemeinschaft heißt hier [im Abendmahl] das gemeine Gut, dessen viele teilhaftig sind und genießen, als unter sie alle ingemein gegeben wird. … Es kann hie an diesem Ort nicht heißen die Gemeinschaft des Glaubens im Herzen; denn der Text redet hier von solchem gemeinen Gut, das man empfangen und genießen soll, als da ist das Brot und der Becher. … So ist die Gemeinschaft des Leibes Christi nichts anders, denn der Leib Christi, als ein gemein Gut unter viele ausgeteilt und gegeben zu genießen."*

Abendmahl als Zeichen der Fülle der Zuwendung Gottes – das wäre dann zugleich ein Zeichen für eine Ökonomie des „genug": Der Mensch muss nicht immer mehr haben, sich nicht immer mehr einverleiben, bis er an seiner Maßlosigkeit zugrunde geht. Sondern er lebt von jenem Brot des Lebens, das allen Lebenshunger stillt (siehe Johannes 6,35). Solche Worte stehen im Zusammenhang mit einer

Evangelische Bergkirche Wiesbaden, Feierabendmahl (www. bergkirche. de)

weiteren Form des Mahls, die zu den Wurzeln des Abendmahls gehört: die Geschichten einer wunderbaren Speisung, von der alle satt werden, indem sie miteinander teilen – siehe die Speisung der Fünftausend in Johannes 6 mit ihren Parallelen in den anderen Evangelien. Hier klingt unmittelbar Abendmahls-Terminologie an, etwa in Markus 6,41: *Und er (Jesus) nahm die fünf Brote und zwei Fische und sah auf zum Himmel, dankte und brach die Brote und gab sie den Jüngern, damit sie unter ihnen austeilten.*

Gegenüber antiken Massenspeisungen von Herrschenden wird auch hier die spirituelle Seite herausgestellt. So wie Jesus vor Beginn seines Wirkens der Versuchung widerstand, Steine in Brot zu verwandeln, um sich selbst herauszustellen, und dem Versucher antwortete: *Der Mensch lebt nicht vom Brot allein, sondern von einem jeden Wort, das aus dem Mund Gottes geht.*

Das Abendmahl als Zeichen der Fülle der Zuwendung Gottes soll nun auch die Menschen erfüllen und verwandeln und so deren spiritueller Bestimmung gerecht werden: Der Mensch ist geboren, um wiedergeboren zu werden. Das Abendmahl soll im Gefolge des neuen Bundes Gottes in ein neues Leben einüben, das gemeinschaftsbestimmt ist – nicht mehr exklusiv, sondern inklusiv: *Hier ist nicht Jude noch Grieche, hier ist nicht Sklave noch Freier, hier ist nicht Mann noch Frau; denn ihr seid allesamt einer in Christus Jesus*, schreibt Paulus in Galater 3,28.

Nun kann man sich allerdings fragen: Was erfassen heute die Teilnehmenden tatsächlich von Sinn und Symbolik des Abendmahls?

Es gab lange Widerstände dagegen, bereits Kinder zum Abendmahl zuzulassen: Sie würden noch nicht alles verstehen, worum es da ging. Inzwischen ist die Erkenntnis gewachsen: Rituale lernt man verstehen, indem man sich einbeziehen lässt und sie einübt. Symbolisches Handeln ist keine Sache nur des Intellekts, sondern des ganzen Menschen mit Leib und Seele.

Eines jedenfalls lässt sich klar feststellen: eine Tendenz zur Wiedergewinnung des Abendmahls als Gemeinschaftsmahl, das viele einbezieht. In Folge des 2. Vatikanischen Konzils wurde in der katholischen Kirche der Gemeinschaftscharakter der Eucharistie wieder entdeckt. Auf evangelischer Seite wird das Abendmahl viel häufiger als früher gefeiert, und zwar nicht mehr als „Anhang" an den Gottesdienst, sondern als dessen integraler Teil.

Vor allem auf evangelischer Seite haben sich neue Formen entwickelt: z. B. Abendmahlsfeiern an Tischen, verbunden mit einem Sättigungsmahl. „Feierabendmahle" wurden zu einem Markenzeichen von Kirchentagen, Beispiel: St. Lorenz in Nürnberg 1979 mit Kommunion in einer Vielzahl von Kleingruppen im ganzen Kirchenraum, mit Einbeziehung des weltweiten Kontextes, bedacht durch Information, Klage, Fürbitte und Geldsammlung, nicht zuletzt auch mit ausführlicher Deutung der Schöpfungsgaben Brot und Wein - eine Form, die sich auch in Gemeinden vor Ort Eingang gefunden hat. Beispiel: Feierabendmahl in Verbindung mit der Konfirmation mit Kommunion in Kleingruppen an Stehtischen mit Elementen einer Mahlzeit, mit Austausch im Gespräch, bei Mitarbeit vieler, z. B. in der Gestaltung eines zentralen Abendmahlstisches, Tischdecken und Gabendarbringung. So kann eine Atmosphäre gelöster Freude entstehen, in der sich Menschen anders und neu begegnen.

In weiterem Zusammenhang mit dem Abendmahl stehen auch Veranstaltungen wie z. B.: Themengottesdienste mit folgendem Mittagessen – Vesperkirchen (bewusst im sakralen Kontext des Kirchenraums) oder andere regelmäßige Angebote für sozial benachteiligte Menschen – Mittagstische für Ältere – internationales Kochen und Essen – und im Vorfeld des Reformationsjubiläums 2017 sogar Feiern eines Luthermahls mit Tischreden.

Es lässt sich so etwas wie eine Gegenbewegung zur Fast-Food-Kultur, zu Individualisierung und Merkantilisierung des Essens feststellen: Es wird wieder mehr Wert auf Gemeinschaft gelegt, es gibt ein wachsendes Gespür für Qualität von Lebensmitteln, ihre Zubereitung und die sorgfältige Gestaltung eines Festmahls.

Dabei bleibt zu fragen, um welche Qualität des Lebens es dabei gehen soll. Fragt man nicht nur nach den Wurzeln, sondern auch nach der Zielrichtung des Abendmahls, so kommt da wieder die Tischgemeinschaft des Reiches Gottes als Hoffnungsgut in Sicht. Der Reichtum der Zuwendung Gottes zielt nicht auf eine Überflussgesellschaft, die sich selbst ermächtigt und selbst genügt, sondern auf ein Genügen, das darauf bedacht ist, dass alle genug haben – an Brot wie an Lebensfreude. Dem könnte das Abendmahl als Wegzehrung zum Reich Gottes in der Weise gerecht werden, wie es Joachim von Soosten einmal beschrieb: Als Gegen-Spiel zur postmodernen Erlebnisgesellschaft, in dem gilt:

*Gesättigt von Nahrung, trunken von Wein und von der Liebe: von der Hingabe des andern. Im Genuss dieser Hingabe wird die nächtliche Gesellschaft zum Erlebnis von Nehmen und Danken, Teilen und Geben.*

**Literatur**
*Bieler, A. und Schottroff, L. (2007)*: Das Abendmahl: Essen, um zu leben. Gütersloh
Diakonia, Internationale Zeitschrift für die Praxis der Kirche (2005/1): Gut essen. Freiburg
*Fechtner, K. und Schroeter-Wittke, H. (Hrsg.)*: Thema: Abendmahl. In: „Praktische Theologie", Heft 2-2009. Zeitschrift für Praxis in Kirche, Gesellschaft und Kultur. Gütersloh
*Fuchs, G. (2008)*: Essen & Trinken, in: Bubmann, P. und Sill, B. (Hrsg.): Christliche Lebenskunst. Regensburg
*Josuttis, M. (1991)*: Der Weg in das Leben. München
*Löhr, H. (Hrsg.) (2012)*: Abendmahl. Tübingen
*Theißen, G. (2004)*: Der Sinn des Abendmahls. In: Pastoraltheologie 93/3. Göttingen
Van Soosten, J. (1995): Lebe wild und gefährlich! In: Lutherische Monatshefte 34/7. Hannover
*Welker, M. (1999)*: Was geht vor beim Abendmahl? Gütersloh.

**Johannes Dürr**
geb. 1946, Pfarrer i. R. in Tübingen, Studium der Kirchenmusik und der Evang. Theologie, 1976-1981 Repetent am Evang. Stift Tübingen, dann Gemeindepfarrer in Burladingen, Esslingen und Ditzingen, seit 2015 Landesvorsitzender der Evang. Akademikerschaft in Württemberg.

*Auf, schlürfet, ihr Freunde in durstigen Zügen*
*den Kelch, den die Schönheit kredenzet.*
*Die flüchtigen Tage und Stunden entfliegen,*
*drum fröhlich die Stirne bekränzt.*
*Empfindet das himmlische Leben der liebeerglühenden Brust,*
*denn Liebe ist höheres Leben, ist himmlische selige Lust.*

*Auf, schlürfet, ihr Freunde in durstigen Zügen den Kelch,*
*den die Schönheit kredenzt.*

*Ja, der Liebe erschalle ein Hoch!*

*Wer fröhlich das herrliche Leben genießet,*
*der ist mir willkommen als lieber Gast,*
*Denn was nicht im Leben dem Frohsinn entsprießet,*
*ist Torheit und drum mir verhasst.*
*Wir wollen der flüchtigen Wonne, so lange sie blühet uns weihn;*
*Sie sei unser Licht, uns're Sonne und strahl' dem Verein.*
*Wer fröhlich das herrliche Leben genießet, der ist uns willkommer Gast.*

*Ja, auf, füllet die Becher, es schalle der Jubel,*
*die Freude vertreibe die dunkle Nacht.*

*Des Liedes Begeisterung sei dem Morgen, dem Morgen entgegen gebracht.*
*Nur Heiterkeit würzet das Leben, dem nicht, der Liebe nicht kennt.*

*O kann es was Höheres geben? Nicht diesem, dem hier es nicht brennt.*

*Ja, auf, füllet die Becher, es schalle der Jubel,*
*die Freude vertreibe die finstere Nacht.*

*Des Liedes Begeisterung sei dem Morgen entgegen gebracht.*
*Auf, füllt die Becher!*
*Jubel schalle!*
*Füllt die Becher!*
*Jubel schalle!*
*Freude vertreibe die Nacht, sie vertreibe die Nacht!*

Trinklied „Brindisi"
aus „La Traviata" (1853)
von Guseppe Verdi

# Tafelmusik

## Genuss mit allen Sinnen – am Beispiel der Musique de Table von G. Ph. Telemann

Gerhard Heydt

Im heutigen Musikbetrieb ist es (noch) üblich, in gepflegter Kleidung einen Konzertsaal für das Hören hoch differenzierter Musik zu nutzen. Selbst ein Hüsteln oder ein Rascheln mit Bonbon-Papieren würden den absoluten Musikgenuss stören, sind daher zu unterlassen. Das ist schon deshalb so, weil die heutigen Aufführungsorte hunderte, z. T. tausende Besucher fassen können, und so würden bei Nebengeräuschen feine Nuancen der Interpretation quasi in einem „Grundrauschen" untergehen. Hinzu kommt, dass in Konzerten sehr vielfältige Interessen der Zuhörer zu befriedigen sind. Bereits 1968 hat Adorno in seiner *Einleitung in die Musiksoziologie* acht Typen musikalischen Verhaltens herausarbeiten können (Adorno, 1968, S. 12 ff.). Wollte man diese Typologie des späten 20. Jahrhunderts auf die Zeit der Tafelmusiken anwenden, dann wäre vor allem der Typus von Bedeutung, der Musik als Unterhaltung konsumiert.

Auf der anderen Seite gab es schon zu allen Zeiten Verknüpfungen verschiedener Sinne und Genüsse, gerade auch mit der Musik. Komma (1961) zeigt in seiner *Musikgeschichte in Bildern* mehrere Abbildungen, die eine Verknüpfung von Essen und Musik darstellen. Auf einer Schale (S. 13) der griechischen Antike ist ein Aulos-Spieler (Aulos ähnelt als Rohrblattinstrument der heutigen Oboe) vor einem Trinkenden zu erkennen. Aus dem 6. Jahrhundert

Aulosspieler und Trinkender (Musikgeschichte in Bildern, Seite 13)

(S. 21) stammt eine Szene mit einem Gastmahl, zu welchem ein Doppelaulos und ein vierteiliges Gongspiel dargeboten wird. Eine gotische Abbildung (S. 58) bringt zwei gerade Trompeten, Sackpfeifen und einen Dudelsack als Ausschmückung eines Festmahles. Aus dem Ende des 15. Jahrhunderts ist uns ein niederdeutscher Kupferstich (S. 72) überliefert, auf dem ein rauschendes Ballfest abgebildet ist mit drei Musikanten und vielen Tänzern, im Hintergrund sitzt eine Gruppe von Gästen vor üppigem Mahl.

Auch wenn es aus den ganz frühen Kulturen nur vereinzelte Überlieferungen gibt, ist davon auszugehen, dass schon immer Menschen in

Gemeinschaften miteinander saßen, feierten, tanzten, aßen und Musik machten oder hörten.

**Geeignete Musik macht das Essen leckerer**
Eine Studie der Oxford University ergab, dass die „richtige" Musik den Geschmack eines Essens um bis zu zehn Prozent intensivieren kann. So zeigte sich, dass Klaviertöne die Wahrnehmung von süß und bitter verbessern können, süße Aromen am besten mit höheren Tönen harmonieren. Bei beruhigender Klaviermusik kommt ein Hauptgericht doppelt so gut an.

Dies zeigt, dass neben dem Geschmack keineswegs nur Optik und Haptik (wie ist Essen angerichtet, wie fühlt es sich an?) eine Rolle spielen, vielmehr essen auch die Ohren immer mit. Das Essen, das Kauen selbst macht ja schon Geräusche, in der Regel wird rhythmisch gekaut, das Zerkleinern der Nahrung klingt verschieden je nach Konsistenz der Speisen. Und auch bei der Verdauung können bekanntlich Laute entstehen.

Wissenschaftler haben herausgefunden, dass Menschen hastiger Essen herunterschlingen, wenn im Hintergrund hektische Musikstücke oder zu wuchtige Klänge gespielt werden. Unaufgeregte Klänge hingegen eignen sich zur Untermalung beim Essen sehr gut (https: worldsoffood).

**Thrill oder Chill**
Soll Musik konzentriert aufgenommen werden, damit auch Sinnzusammenhänge und nicht nur unspezifische Reize identifiziert werden können, sowie eine Selbstbesinnung, ein Sichberühren-lassen möglich werden, dann eignen sich hierfür Klangfolgen mit plötzlichem Wechsel der Lautstärke, mit unerwarteten rhythmischen Wendungen, mit überraschenden Harmonien oder Melodiebildungen (Altenmüller, 2005, S. 159). Gänsehaut zeigt sich also als Ausdruck von „Thrill" i. S. eines Erschauerns bzw. überlaufender Gefühle.

Entspannende Musik hingegen soll ein „Chillen", also ein lockeres die-Dinge-auf sich-zukommen-lassen ermöglichen. Solche Klänge werden eher zum *zerstreuenden Komfort* (Ad-

orno, 1968, S. 25). Die Hörer dürfen dekonzentriert sein, geht es doch um Unterhaltungsmusik, welche die Menschen nicht fordert, vielmehr entspannt. Und bei dieser Musik darf man sich ggf. auch unterhalten.

**Genießen – wie geht denn das?**
Damit Menschen arterhaltende Verhaltensweisen (Essen, Trinken, Ausscheidung, Sexualität) überhaupt praktizieren, sind diese mit einem Erleben von Lust und Wohlgefühl verbunden. Es ist also außerordentlich sinnvoll, wenn wir uns freuen, uns vergnügen und genießen können. Unzählige Vorgänge und Erlebensweisen können Freude und Zufriedenheit auslösen, etwa: Essen, Aktivität, Bewegung, Ruhe, Beziehung, Sexualität, Kultur etc. Bei solchen Anlässen binden sich im Gehirn Endorphine (endogene Morphine, also Eiweiße, die im Zentralnervensystem produziert werden) an bestimmte Rezeptoren. Dies geht mit einem Empfinden von Euphorie und Entspannung einher. Werden diese Endorphine hingegen an andere Rezeptoren gebunden, so kann es zu Verstimmung und Angst kommen (Roth, 2014, S. 116 ff.).

Dass wir positive und negative Empfindungen und Gefühle unterscheiden können, hängt mit der Entwicklung des Limbischen Systems in unserem Gehirn zusammen. Es ist für die Verarbeitung von Emotionen zuständig. Im Limbischen System werden Signale aus der Außenwelt, die über unsere Sinnesorgane ankommen, zu einem „inneren Bild" zusammengestellt, welches mit bereits gespeicherten Erfahrungen aus früherer Zeit verglichen und bewertet wird.

Eine ganz besondere Rolle spielt dabei der Mandelkern (Amygdala), der Signale aus vielen anderen Hirnstrukturen koordiniert. Dabei wird blitzschnell überprüft, ob eine aktuelle Situation bei früheren Erfahrungen zu positiven oder negativen Empfindungen geführt hat. Entsprechend resultieren dann Wohlbefinden mit Entspannung oder Unbehagen mit Angriffs- oder Fluchtimpulsen (über eine Freisetzung von z. B. Adrenalin und Cortisol). Besonders Erfahrungen, die mit starken Gefüh-

Matthias Gerung (um 1500 - 1570): Die Melancholie im Garten des Lebens, Detail
(www. wikimedia. org)

len verbunden waren, die einmalig oder überdurchschnittlich oder wiederholt unangenehm waren, werden im Mandelkern gespeichert (Roth, 2014, S. 63 ff.).

Ein Einbeziehen mehrerer Sinneseindrücke (Schmecken, Riechen, Schauen, Hören, Anfühlen beim Essen) kann zu einer Intensivierung des Erlebens führen, also zu einem überdurchschnittlichen Reiz werden. Andererseits kann aufgrund unserer neuronalen Verschaltungen das Leben nicht zu einer lückenlosen Abfolge von Höhepunkten gemacht werden. Erlebnisverdichtung i. S. einer raschen Aufeinanderfolge würde paradoxerweise zu einer Erlebnisverarmung führen, weil unsere Erinnerung umso rascher vergeht, je kurzfristiger und oberflächlicher etwas mit Gefühlen besetzt werden kann.

**Essen zur Musik**

Der Besuch einer Oper in der Barockzeit versprach einen lang anhaltenden Genuss. Die Umbauten zwischen den Akten brauchten bei den damaligen technischen Möglichkeiten viel Zeit. Anfangs wurden diese „Pausen" nicht

selten dadurch gefüllt, dass der Konzertmeister des Orchesters (z. B. von Antonio Vivaldi ist das überliefert) auf die Bühne sprang und eine Improvisation erklingen ließ, bei der er auch seine Virtuosität demonstrieren konnte (Scherer, 2016, SWR 2). Später wurden in den Opern, die sich in der Regel um die Götterwelt drehten und ernster Natur waren, heitere und leichte Zwischenakt-Musiken eingestreut.

Pergolesis (1710-1736) *La serva padrona* (*Die Magd als Herrin*) war so ein Zusammenschluss mehrerer Pausenfüller, die ihrerseits eine durchgehende Handlung ergaben. Sie gilt in ihrer locker-lustigen Art bis heute als eine der Wurzeln der opera buffa (Wörner, S. 299). Es ist leicht vorstellbar, dass so ein Gesamt-Genuss ohne Weiteres acht Stunden in Anspruch nehmen konnte. Was lag also näher, als einen „Fresskorb" mit reichlich Nahrung und Getränken mitzunehmen? Man war ohnehin unter sich, die einfachen Bürger hatten noch keinen Zutritt zu diesen meist in den (eher kleinen) Schloss-Theatern gespielten Opern.

**Musik zum Essen: Tafelmusik**

Von Volksliedern und Tanzmusik abgesehen, blieb die Musikkultur ausschließlich dem kirchlichen Gebrauch und den Festen bei Hof vorbehalten. Die Musik des „einfachen" Volkes wurde nicht aufgeschrieben, sie wurde schlicht durch die Spielpraxis über die Generationen hinweg tradiert. Auch die Kunst-Musik konnte erst ab etwa 1000 n. Chr. notiert, damit auch konserviert und transportiert werden, als damals die Notenschrift entstand (zunächst über „Neumen" [Kennzeichen für Intervalle] als Gedächtnisstütze für die mündliche Überlieferung z. B. von Klostergesängen; erst später wurden die Notenzeilen eingeführt). Die Kirche und die Adelshäuser ließen sich die Kultur mit ausladenden Festen, Malerei, Dichtung, Musik und Tanz einiges Geld kosten (hervorragende Hofkapellen gab es z. B. in Potsdam, Köthen, Mannheim). Fürsten oder kirchliche Würdenträger konnten damit zeigen, dass sie über Vermögen und Macht verfügten. Gerade auch zum Essen, zum „Tafeln" wurde sehr gerne Musik gehört, so entstand die „Tafelmusik".

Tafelmusiken wurden verschiedentlich zu Sammlungen von Musikstücken zusammengefasst, teilweise auch im Druck herausgegeben. Zu nennen wäre hier etwa Johann Hermann Schein (1586-1630), dessen *Banchetto musicale* 1617 entstand und schnell bekannt wurde. Michael Praetorius (1571-1621) gab 1619 ein *Syntagma musicum* heraus, in dieser Schriftensammlung setzte er sich auch theoretisch mit derlei Tafelmusik auseinander.

Andere Komponisten gaben dieser Musizierpraxis noch vielerlei Bezeichnungen, z. B. *Musikalisches Tafelkonfekt, Tafeldienst, Mensa Harmonica, Musikalische Tafelbedienung, Musique pour les soupers du Roi* (es scheint so, als ob die Franzosen besonders begabt waren für umfassende Genüsse) oder auch *Musical Banquet*. Die wohl bekannteste Sammlung stellt die *Tafelmusik* oder *Musique de Table* von Georg Philipp Telemann dar.

**Musikästhetische Grundlagen**

Herausragender Theoretiker für die Musikästhetik des Barock war Johann Mattheson (1681-1764), der in seinem umfassenden Werk *Der vollkommene Capellmeister* (verlegt in Hamburg 1739) die Grundlagen der barocken Kompositionsweise darlegte.

Im fünften Hauptstück *Vom Gebrauch der Music im gemeinen Wesen* schreibt er: *Bey ihr [der harmonischen Musik, d. Verf. ] ist alles still, freundlich und in gutem Vernehmen; bey ihr höret man weder die Stimme der Zwietracht, noch den Lerm des Pöbels, noch das ungestüme Schul-Gepolter, noch das ungezähmte Heulen der Lehr-Bänke, noch das Geschrey der Gerichts-Stuben; sondern nur lau-*

*ter liebliche Übereinstimmungen und sanfften Beifall.* (Mattheson, 2012, § 84).

Speziell zur Tafelmusik äußert es sich im zehnten Hauptstück *Von der musicalischen Schreib-Art: Aber das Hohe auf dem Schau-Platz [Theater-Bühne, d. Verf. ] ist doch gantz anders beschaffen, als das Hohe bey einer Tafel-Music u. d. gl."* (§ 10) und: *Kammermusikalische Schreibart dominiert bei Tafel-Musiken, vor allem Sonate da Camera, Concerti Grossi, Suites u. d. gl.* (§ 104).

Für die Tafelmusik charakteristisch seien *Bindungen, Rückungen, gebrochene Harmonien, Abwechslungen mit tutti und solo, mit adagio und allegro etc. sind ihm solche wesentlichen und eigene Dinge, dass man sie meistentheils in Kirchen und auf dem Schauplatz vergeblich sucht"* (§106)

Mit solchen Erörterungen wird unterstrichen, dass das festliche Mahl in Renaissance und Barock einer der wichtigsten Anlässe für ein Musizieren war. Tafelmusik sollte also der Fröhlichkeit dienen, die Gäste ergötzen, sie erklang durchaus überall da bei Hof, wo sich der Souverän und die Gäste (*„in conviviis*, d. h. *vor den Gästen)* gerade befanden.

In seiner Bestallungsurkunde wurde G. Ph. Telemann ausdrücklich verpflichtet, dass er auch zur *ordinär Tafel Music [...] die nötigen Musicalia liefere.* Stets entsprach die Zusammensetzung der Tafelmusiken den jeweils herrschenden und vornehmlich zur Unterhaltung und Ergötzung geeigneten Gattungen und Formen. Es wurde erwartet, dass Abwechslung in der Art der vorgetragenen Stücke bestehen sollte. In der Regel wurde für kleinere Besetzungen, also kammermusikalisch komponiert, bei größeren Festen konnten aber auch mehrere Chöre oder Ensembles gleichzeitig eingesetzt werden (Riemann, 1967).

**Vielschreiber oder Wegbereiter? Georg Philipp Telemann (1681-1767)**

Der protestantische Kantor Johann Sebastian Bach (1685-1750) war zu Lebzeiten eher regional bekannt, Georg Friedrich Händel (1685-1759) feierte die größten Triumphe in seinem Londoner Opernhaus. Georg Philipp Telemann hingegen war europaweit bekannt, ganz besonders geschätzt wurde er in Frankreich. Anders als die erwähnten Zeitgenossen war Telemann im Wesentlichen Autodidakt, er entstammte keiner Familie, in welcher es schon Musiker gegeben hätte. Er wandte sich, auch wenn er Jura studierte, gegen den Willen seiner Familie dem Musikerberuf zu.

In Leipzig lernte er italienische Opern und französische Instrumentalmusik kennen, er gründete in dieser Stadt ein *Collegium musicum* mit Studenten, welches 1729 von Bach übernommen wurde. Über mehrere Stationen landete Telemann 1721 in Hamburg, wo er 1722 später neben seinen kirchlichen Diensten auch noch Operndirektor wurde.

Im selben Jahr wurde ihm die Stelle als Thomaskantor in Leipzig angeboten, Telemann blieb aber nach einer Gehaltsaufbesserung in Hamburg. Der Rat der Stadt Leipzig versuchte dann, Johann Cristoph Graupner (1683-1760) aus Darmstadt abzuwerben, jener wurde aber von seinem Fürsten nicht frei gegeben. Und so blieb als „dritte Wahl" – für uns heute nicht mehr vorstellbar – Johann Sebastian Bach übrig, der bis zu seinem Lebensende als Thomaskantor tätig war.

Telemann galt lange Zeit bei Musikforschern (vor allem im Vergleich zu Bach) als oberflächlich, als „Vielschreiber". Tatsächlich hinterließ er ein fast unüberschaubares Gesamtwerk mit allein über 1400 Kantaten, über 20 Opern und unzähligen Instrumentalwerken.

Inzwischen wird eher davon ausgegangen, dass Telemann als einer der Wegbereiter des klassischen Stils betrachtet werden kann, wo es nicht mehr um kontrapunktische Dichte, sondern um durchsichtigen Satz, klare Struktur und Hervorhebung der Melodie geht (Ruhnke, 1989).

**Musique de Table (Hamburg, 1733)**
Welch großes Interesse die damalige Zeit an der Tafelmusik von Telemann hatte, zeigt sich u. a. an dem umfangreichen Verzeichnis der Subskribenten, die zu einem großen Anteil aus dem Ausland stammten. Dies spricht für die Wertschätzung, die dieser Komponist schon damals erfuhr, aber auch für seine Geschäftstüchtigkeit und Umtriebigkeit. Telemann erfüllte in all seinen Anstellungen nicht nur seine vertraglichen Pflichten, er suchte sich immer noch neue Herausforderungen, er verfasste auch theoretische Schriften, er kümmerte sich darum, dass seine Werke verlegt wurden. Bis zum Ende seines langen Lebens blieb er produktiv (Ruhnke, 1989).

Die Tafelmusik von Telemann ist eine Sammlung von Instrumentalwerken mit einer Gesamtspieldauer von vielen Stunden. Es ist davon auszugehen, dass für die jeweiligen Anlässe Teile daraus ad hoc zusammengestellt wurden.

Nicht selten steht eine Ouvertüre, also eine Eröffnungsmusik, am Anfang, gefolgt von einer Suite, was eine Folge von Tanzsätzen meint. Die Ouvertüren sind nach dem französischen Muster angelegt, eine langsame, klangvolle, oft in punktierten Rhythmen vorgetragene Anfangsphase wird von einer schnellen, leichten, oft auch virtuosen Passage gefolgt, bevor die Musik wieder in den Modus des ersten Abschnittes zurückfindet. Bei italienischen Ouvertüren sind die Tempoverhältnisse genau umgekehrt (schnell-langsam-schnell). Solche Ouvertüren, aber auch die sog. Conclusionen (Musik für den Abschluss) werden oft mit Flöten, Oboen, Fagott, Streichern und Continuo-Cembalo besetzt.

Auch die Quartette, Trios, Solosonaten zeigen eine spielfreudige Machart, sie sind heiter, tänzerisch, harmonisch einfach aufgebaut, sie erklingen in Tonarten, bei denen wenig Vorzeichen vorgegeben sind (anders als im *Wohltemperierten Klavier* von Bach, wo bewusst auch die ganz entlegenen Tonarten ins Spiel kommen). Bei der Tafelmusik handelt es sich also um Unterhaltungsmusik im besten Sinne, sie ist gut gesetzt, gibt den einzelnen Instrumenten auch immer wieder Gelegenheit, sich solistisch zu präsentieren. Die Gäste bei den Mahlzeiten können sich an spieltechnischen Raffinessen erfreuen oder aber auch einfach mit ihren Gedanken abschweifen bzw. sich auf Essen oder Gespräch konzentrieren.

„Food musical harmony". alphaspirit. Shutterstock: 525132898

## Und heute?

Genussfähigkeit und Liebesfähigkeit in unser Leben zu integrieren, ist eine der wichtigsten und schönsten Aufgaben unserer Individuation. Dies umso mehr als Genüsse in den allermeisten Fällen auch eine soziale Dimension haben, wir feiern gemeinsam, wir essen gemeinsam, wir tanzen gemeinsam, wir singen gemeinsam, oder wir hören, schauen gemeinsam, weil dies ein ohnehin gutes Erleben noch steigert. Insofern spürten unsere Vorfahren sehr klug, dass ein gemeinschaftliches Feiern mit Essen und Musik wichtige emotionale Höhepunkte in unserem Dasein markieren kann.

Tafelmusik unterscheidet sich da substanziell vom dem eher Auf-sich-selbst-bezogensein, welches die digitalen Medien mit sich bringen. Auch wenn Musik allein zur Förderung von Kauflust und Konsum verkommt, somit zu einer Art „musikalischer Umweltverschmutzung", wird das nicht mit dem Begriff des Genießens in Verbindung gebracht werden können. Insofern ist es wichtig, wahre Genüsse zu erkennen, ihnen in unserer Lebensgestaltung in der Fülle Raum zu geben.


**Literatur**

*Adorno, T. (1968):* Einleitung in die Musiksoziologie. Frankfurt

*Altenmüller, E. (2005):* Schauer und Tränen: Zur Neurobiologie der durch Musik ausgelösten Emotionen. Hannover

https://www. welt. de/reise/article 135442693/Richtige Musik macht Essen

https://www. worldsoffood. de/kochen-und-rezepte/Die Ohren essen mit

*Komma, K. (1961):* Musikgeschichte in Bildern. Stuttgart

*Mattheson, J. (2012):* Der vollkommene Capellmeister, Kassel, Basel, London

*Riemann, H. (1967):* Musiklexikon. Sachteil, S. 932. Mainz

*Roth G. (2014):* Wie das Gehirn die Seele macht. Stuttgart

*Ruhnke, M. (1989):* Telemann. In: MGG (Musik in Geschichte und Gegenwart), Bd. 13

*Scherer W. (2016):* Violinen, Virtuosen, Vibrationen. Das goldene Zeitalter der Teufelsgeiger. SWR 2 Musikstunde, 29.06.2016

*Wörner, K. (1993):* Geschichte der Musik. Göttingen.

**Dr. med. Gerhard Heydt**
Studium Musik, Musikwissenschaft und Medizin, Facharzt für Psychosomatische Medizin und Psychotherapie, Psychoanalyse, Facharzt für Neurologie und Psychiatrie, Dozent am C. G. Jung-Institut Stuttgart, tätig in eigener Praxis.

# „Russischer Topf" und „Dünne Suppe" bei Thomas Mann und Primo Levi

Irene Berkenbusch-Erbe

## Einleitung

Die Darstellung des Menschen und seiner Mahlzeiten findet sich in unzähligen Texten der Weltliteratur. Kein Wunder, denn nichts ist so wichtig und elementar für das Leben wie das Essen. Nicht nur die Nahrungsaufnahme selbst spielt dabei eine Rolle, sondern das Essen bietet den Menschen darüber hinaus die Gelegenheit zum Gespräch und Zusammensein. Nicht umsonst sprechen wir von der Tischgemeinschaft.

Auch unter psychologischen Aspekten ist eine Betrachtung der verschiedenartigen Essenskulturen sehr interessant, zumal die Gemeinschaft beim Essen zu den archetypischen Mustern menschlicher Kultur gehört. Eine Einladung zum Abendessen beispielsweise bedeutet immer auch eine Einladung zu einer Konversation. Dass sie gelingt und die Eingeladenen in eine gute Gemeinschaft miteinander hineinfinden, ist meist fast wichtiger als das Essen selbst.

*Schon in allen frühen Kulturen hat das gemeinsame Essen eine tiefe und auch bindende Bedeutung. Das Essen bildet eine eigene Kommunikationsform.* Goes, 2013, S. 51

Links: Thomas Manns Onkel Friedrich Mann, das Modell für Christian Buddenbrook
Rechts: Der Vater Thomas Manns, Thomas Johann Heinrich Mann (1840 - 1891), im Romann Thomas Buddenbrook
(www. wikimedia. org)

Die Beschreibung der Tischgemeinschaft besitzt eine lange literarisch-philosophische Tradition, entstanden aus den antiken Vorbildern, wobei Platons Gastmahl wohl zu den bekanntesten gehört. Philosophische Gespräche, der Austausch von Gedanken, aber auch das Erlebnis von Gemeinschaft spielen hier eine bedeutende Rolle.

Diese positive Bewertung trifft aber bei weitem nicht immer zu. Zahlreiche Beispiele aus der Literatur wie der persönlichen Erfahrung zeigen den ambivalenten Charakter gemeinsamer Mahlzeiten. Haben wir nicht alle schon des öfteren erfahren, dass gerade eine Tischgemeinschaft, vor allem in der Familie mit ihren Konflikten und Tabus, gefährlich werden kann, weil sie im entspannten Zusammensein dazu geeignet ist, heikle Themen und Reibereien zu kreieren? Dann erfolgt der berühmte Fußtritt unter dem Tisch, um einem Gesprächsbeitrag zu wehren und ihn sofort im Keim ersticken zu lassen. Die Erfahrung der ambivalenten Atmosphäre bei Tisch und der Gefahr, dass ein Gesprächsthema ins Peinliche abgleitet, wird besonders eindrücklich in Thomas Manns Romanen geschildert, wie wir später noch am Beispiel der Buddenbrooks sehen werden.

Welche Rolle die Nahrung und das Essen für den Menschen spielen, hängt aber entscheidend vom historischen, sozialen und gesellschaftlichen Kontext ab und ob es sich um eine Tischgemeinschaft oder um die einsame oder gefährdete Nahrungsaufnahme eines Menschen handelt.

An zwei, aus unterschiedlichen Zeitepochen stammenden Textsorten soll die verschiedenartige Bedeutung und Bewertung des Essens dargestellt werden.

Zunächst steht die Schilderung einer Mahlzeit im großbürgerlichen Umfeld in Thomas Manns (1875-1955) Roman *Buddenbrooks* (1902) im Mittelpunkt unseres Interesses. Ein absolutes Kontrastprogramm wird dann die Erfahrung der zentralen Bedeutsamkeit des Brotes und des Besitzes eines Löffels für Menschen in einer absoluten Ausnahmesituation sein, nämlich im Konzentrationslager Auschwitz, beschrieben von Primo Levi (1919-1987) in seinem Buch *Ist das ein Mensch?* (orig. 1958, deutsch 1991).

**Essensszenen und ihre Bedeutung in Thomas Manns Roman Buddenbrooks**

Im ersten Teil des Romans, zu Beginn des fünften Kapitels, werden wir Zeugen eines opulenten Essens im Hause Buddenbrook. Es wird zwar nur als ein ganz einfaches Mittagbrot bezeichnet, das zur Einweihung des neu erworbenen Hauses in der Mengstraße aufgetischt wird. Aber das Essen nimmt immerhin einen Zeitraum von sieben Stunden ein, und die folgenden Speisen werden in rauhen Mengen serviert. Wir lesen dort (S. 26 ff.):

*Ein kolossaler, ziegelroter, panierter Schinken erschien, geräuchert, gekocht, nebst brauner, säuerlicher Charlottensauce und solchen Mengen von Gemüse, daß alle aus einer einzigen Schüssel sich hätten sättigen können. Leberecht Kröger [. . .] schnitt [...] mit Bedacht die saftigen Stücke hinunter. Auch das Meisterwerk der Konsulin Buddenbrook, der ‚Russische Topf‘, ein prickelnd und spirituös schmeckendes Gemisch konservierter Früchte, wurde gereicht. – [...]*
*Die Kerzen brannten langsam, langsam hinunter und ließen dann und wann, wenn ihre Flammen im Luftzuge zur Seite flackerten, einen feinen Wachsgeruch über die Tafel hinwehen.*
*Man saß auf hochlehnigen, schweren Stühlen, speiste mit schwerem Silbergerät schwere, gute Sachen, trank schwere, gute Weine dazu und sagte seine Meinung.*
*Die Damen waren dem Disput nicht lange gefolgt, Madame Kröger führte ihnen das Wort, indem sie in der appetitlichsten Art die beste Manier auseinandersetzte, Karpfen in Rotwein zu kochen . . .*

*Nun kam, in zwei großen Kristallschüsseln, der ‘Plettenpudding’, ein schichtweises Gemisch aus Makronen, Himbeeren, Biskuits und Eiercereme; am unteren Tischende aber begann es aufzuflammen, denn die Kinder hatten ihren Lieblingsnachtisch, den brennenden Plumpudding, bekommen.*

Abschließend werden Früchte, Butter und Käse, danach Kaffee und Liqueur gereicht.

Thomas Mann führt uns in dieser Szene ein Bild von der Lebensweise einer Lübecker Patrizierfamilie vom Ende des 19. Jahrhunderts vor Augen. Sozialer Status und hochherrschaftliches Selbstbewusstsein lassen sich besonders gut an einer solchen Essensszene zeigen. Die Speisen sind exquisit, werden von kostbarem Geschirr und mit ebenso wertvollem Silberbesteck eingenommen. Auf den ersten Blick ist der Lesende beeindruckt, spiegelt sich hier doch eine jahrhundertealte Tradition in dem edlen Ambiente einer reichen Kaufmannsfamilie wider, die auf distinguierte Weise ein exquisites Essen mit erlesenen Gästen – einschließlich der Familie – einnimmt. Dabei werden gängige familiäre Strukturen und repräsentative Anforderungen an eine großbürgerliche Familie durchaus aufrechterhalten. Schaut man aber näher hin, so lassen sich feine Risse in diesem so edel erscheinenden Familienbild entdecken.

Eine leise Ironie des Schriftstellers, der hier auch biographisches Material verarbeitet, liegt über allem, eine Ironie, die von psychologischem Feingefühl und intuitiver Skepsis bestimmt ist. Immerhin lautet der Untertitel des Romans „Verfall einer Familie“. Allein die Wortwahl der Beschreibung des Essens, das aufgefahren wird, entbehrt nicht einer deutlichen ironischen Note, wenn vom kolossalen Schinken und der säuerlichen Charlottensauce (ebenda) die Rede ist.

Vielleicht, das wird wohl vom Autor bewusst suggeriert, besitzt auch die Atmosphäre bei Tisch eine solche „säuerliche“, konfliktgeschwängerte Aura, und das übertrieben reichhaltige Essen – alle hätten sich aus einer einzigen Schüssel sättigen können – zeugt vom Bewusstsein großartiger Bedeutsamkeit und den bereits genannten repräsentativen Anforderungen an eine großbürgerliche Familie.

Andererseits ist das „kolossale" Essen bereits als Vorausdeutung des kommenden Niedergangs der Familie zu werten. Das Essverhalten der Buddenbrooks deutet auf das nahende Ende hin, denn sie essen so zügellos, als gäbe es bald kein Morgen mehr (Kashiwagi 2003, zit. n. Hoock, 2004, S. 7). Somit wird hier bereits der intellektuelle und moralische Verfall in den Essensszenen gespiegelt.

Auch die hochlehnigen, schweren Stühle, das schwere Silbergerät, mit dem gegessen wird, der schwere, gute Wein, den man trinkt – all das vermittelt das Konservative, das Traditionsbewusstsein einer alten Familie, gleichzeitg aber auch das, was sich überlebt hat. Was man inhaltlich zu sagen hat, erschöpft sich lediglich in Andeutungen, es heißt nur, (man) sagte seine Meinung, wobei die Damen sich rasch zurückziehen, um über Kochrezepte zu sprechen. Die Kinder sitzen am unteren Tischende und haben, außer auf ihren Lieblingsnachtisch, den Plumpudding, zu warten, nichts zu melden und besitzen keine weitere Bedeutung an der Familientafel.

Dies entspricht sicherlich dem althergebrachten patriarchalischen Familienmodell, dessen äußere Fassade aufrechterhalten wird, deren brüchig werdende Strukturen sich aber bereits deutlich abzeichnen. Einschlägige, mit wohlgefälligem Gesicht über das Thema die Geschäfte, die Börse und bei den Damen über Kochrezepte geführte Gespräche bestimmen die hier versammelte Gesellschaft. Die Familien-Persona wird zwar noch gewahrt, dahinter aber bröckelt es. Die Familienmitglieder der jüngeren Buddenbrook-Generation tun sich schwer mit der Aufrechterhaltung der Fassade. Das zeigt sich besonders bei Thomas, dem älteren und Christian dem jüngeren Buddenbrook-Sohn.

Während Thomas zumindest nach außen versucht, die an ihn als einen Buddenbrook-Erben von der Familie und der Gesellschaft gestellten Anforderungen gerecht zu werden, lehnt sich Christian mehr oder weniger offen dagegen auf. Dies zeigt er u. a. bereits als kleinerer Junge durch sein Essverhalten, das eine

psychische, vielleicht frühe narzisstische Störung anzuzeigen scheint. Nach Beendigung der oben erwähnten Mahlzeit äußert Christian unter Wimmern und Stöhnen: *Mir ist übel, Mama, mir ist verdammt übel!* (S. 34)

Dabei gingen seine runden, tiefliegenden Augen über der allzugroßen Nase unruhig hin und her, heißt es an dieser Stelle. Einige Augenblicke später, als ihm vom Arzt als Diät ein wenig Taube verordnet wird, ruft er außer sich: *Ich will keine Taube, ich will niemals wieder etwas essen! Mir ist übel, mir ist verdammt übel!* Die Essensverweigerung ist an dieser Stelle für den kleinen Christian bereits ein Mittel des Widerstands einerseits und andererseits des Bestrebens, sich in den Mittelpunkt zu stellen, seine Wichtigkeit zu demonstrieren und Aufmerksamkeit zu erhalten.

Ähnliches geschieht später, als er, nun etwas älter, sich weigert in hysterischer Manier, einen Pfirsich zu essen, indem er behauptet, nicht richtig schlucken zu können. *Ich esse nie wieder einen Pfirsich*, und dies aus Angst, er könne sich am großen Kern verschlucken, dieser könne ihm im Halse stecken bleiben. Dabei stößt er entsprechende Geräusche hervor, sodass er für die Anwesenden den Anschein erweckt und diese in Angst versetzt, er habe tatsächlich den Pfirsichkern verschluckt (S. 68). Immer wieder, auch in seinem späteren Leben, entwickelt Christian Angstphantasien beim Essen, was seiner ihn zunehmend beherrschenden Hypochondrie und Neurasthenie geschuldet ist.

Eine interessante Interpretation äußert Julia Spahr, indem sie meint, (Christians) Ablehnung gegen bestimmte Lebensmittel und seine Schluckbeschwerden, könn(t)en als Symptome von Anorexie gelesen werden, und verbreiteten Theorien zu Essstörungen zufolge, kann die Ablehnung von Essen die Ablehnung der Familiensstruktur darstellen, ebenfalls, um gegen die Etikette des Hauses Buddenbrook zu zu verstoßen.

Kurz gefasst, können wir die Essgewohnheiten und Tischszenen bei Thomas Mann als komplexes, auch psychologisches Demonstrationsmittel verstehen, wodurch sie eine sym-

Gedenkstätte Ausschwitz: Das Foto zeigt in Nachbildung die Mahlzeit, die ein Häftling pro Tag bekam. Ein Stück Brot, einen Teller dünne Suppe und eine Schale dünnen Kaffeeersatz. Dazu ein Stückchen Margarine. (Foto: Irene Berkenbusch-Erbe)

bolische Bedeutung erhalten. Denn einerseits stellen sie ein grandioses soziales Statussymbol einer traditionsbewussten großbürgerlichen Famiie dar und zeigen durchaus auch die Feier des Lebens, der Freude und der Großzügigkeit. Andererseits dienen sie in pervertierter Form durch die Essensverweigerung eines Sohns der Familie als Versuch, dessen Widerstand und damit die maroden familiären Strukturen wie die Brüchigkeit des Familienzusammenhalts aufzuzeigen. Ein sehr ambivalentes Geschehen also.

Auch im folgenden Beispiel besitzt das Essen, wenn auch auf ganz andere Art, einen Verweisungscharakter. Denn hier markiert die Nahrungsaufnahme eine höchst konfliktreiche Erfahrung zwischen Menschen in der Ausnahmesituation einer Lagergemeinschaft in einem Konzentrationslager.

### Brot und Löffel in Primo Levis autobiographischem Bericht „Ist das ein Mensch?"

Primo Levi, 1919 in Turin geboren und daselbst 1987 gestorben, wurde im Februar 1944 nach seinem Chemiestudium als Jude und Mitglied der Resistenza verhaftet und nach Auschwitz deportiert. Er überlebte und kehrte erst im Oktober 1945, zehn Monate nach der Befreiung von Auschwitz, nach Italien zurück.

In seinem Bericht *Ist das ein Mensch*, kurz nach seiner Rückkehr aus dem Konzentrationslager verfasst, beschreibt Levi in 17 Kapiteln das Jahr, das er in Auschwitz verbracht hat. In der Einführung zur italienischen Ausgabe *Se questo è un uomo* sagt Levi, er habe dies Buch nicht geschrieben, um neue Anschuldigungen vorzubringen, sondern als Dokument für das Studium einiger Aspekte des menschlichen Seelenlebens. Das macht er bereits durch den Titel seines Buches deutlich, wenn er am Ende seines Berichtes schreibt: Mensch ist, wer tötet, Mensch ist, wer Unrecht zufügt oder leidet; kein Mensch ist, wer jede Zurückhaltung verloren hat und sein Bett mit einem Leichnam teilt. Und darauf gewartet hat, bis sein Nachbar mit Sterben zu Ende ist, damit er ihm ein Viertel Brot abnehmen kann, der ist, wenngleich ohne Schuld, vom Vorbild des denkenden Menschen weiter entfernt als der roheste Pygmäe und der grausamste Sadist (S. 206).

Der Umgang mit Essen markiert in Primo Levis Bericht die schwindende Humanität und Solidarität unter den Lagerinsassen. Menschen, die sich vorher noch zugetan und sogar freundschaftlich verbunden waren, werden zu Feinden und erbitterten Konkurrenten im Kampf um ein Stück Brot oder um den Besitz eines Löffels. Brot ist in jeder Hinsicht das entscheidende Element in Levis Lagerbericht für das Überleben der Gefangenen.

Man geht mit dem Stück Brot, das man bekommt, sehr sorgsam um. Es wird rationiert und für den nächsten Tag aufgehoben, für „außerplanmäßige” Momente, in denen sich der Hunger meldet, wenn man aber erst am Abend wieder eine dünne Suppe zu essen bekommt. Außerdem ist das Brot, auch wenn es nur ganz kleine Stücke oder bereits trocken gewordene Kanten sind, ein wertvolles Tausch- oder Zahlungsmittel. *In fünf Minuten wird Brot ausgegeben*, heißt es bei P. Levi, *dieser heilige, graue Würfel, der dir in der Hand deines Nächsten so riesig vorkommt und in deiner eigenen so klein, daß du weinen könntest.* (S. 43)

Hinzu kommt, *dass das Brot unser einziges Zahlungsmittel (ist). Die Gläubiger von gestern wollen in den kurzen Augenblicken bezahlt werden, in denen der Schuldner überhaupt zahlungsfähig ist.* (ebd.) Mit einem Stück Brot kann so ziemlich alles gekauft werden, wobei vier Brotrationen den Höchstbetrag darstellen, angefangen von einem Stück Stoff – Stoff war im Lager eine Kostbarkeit – für die Wundversorgung am Fuß oder zum Naseputzen, dazu ein ganzes Hemd, wenn man sein eigenes verloren hatte, bis hin zu Tabak (Machorka) für eine Zigarette. Auch Löffel und Messer waren begehrte Utensilien, die einem entweder gestohlen oder im Krankenbau vom Kapo abgenommen werden konnten. Einen enormen Gewinn holen die Pfleger [im Krankenbau] auch noch aus dem Handel mit Löffeln. Das Lager liefert an die Neuankömmlinge keine Löffel, obwohl die halbflüssige Suppe nicht anders gegessen werden kann (S. 102). Menschenverachtung und Demütigung werden in bruta-

ler Weise über die massive Erschwerung der Nahrungsaufnahme ausgedrückt.

Wenn man Glück hatte, konnte man mit einer halben Brotration ein neues Messer oder einen Löffel entweder eintauschen oder kaufen. Auch um etwas mehr Suppe zu bekommen, diente eine halbe Brotration als Tauschmittel. Am wichtigsten aber war der Besitz eines Löffels, der – wie gesagt – nicht selbstverständlich war. Am Besitz oder am Kampf um einen Löffel oder ein Stück Brot entscheiden sich Menschlichkeit und Solidarität mit dem anderen, der auch leidet. *Am Umgang mit der kaum vorhandenen Nahrung zeigt sich der Urgrund und die Bewährungsprobe des Sozialen, des Menschlichen, des Bösen, des Guten und des Gerechten.* (Meller, 2005, S. 4).

Hier bekommt das Brot, um mit C. G. Jung zu sprechen, eine transzendente Funktion, indem es auf die Erfahrung der eigenen abgründigen, bösartigen Handlungsmöglichkeiten verweist und dadurch zu einer tieferen, erschreckenden und möglicherweise schambesetzten Selbsterkenntnis führt. Am Kampf um das nackte Überleben in einer Ausnahmesituation zeigt sich, wozu der Mensch im Guten wie im Bösen fähig ist. Archetypische Kräfte von Leben und Tod kommen hier zum Ausdruck. Aber auch das Gute hat Levi erfahren, wenn er berichtet, dass Lorenzo, ein italienischer Zivilist in den Buna-Werken ihm sechs Monate ein Stück Brot und die Reste seines Essens brachte, ihm ein Unterhemd schenkte und für ihn eine Postkarte nach Italien schickte. Dieser Begegnung, so glaubt Levi, verdanke er sein Überleben.

Miteinander teilen und essen als Metapher für eine gemeinsame Erfahrung (Müller, 2012) wird somit auch von Levi stellenweise beschrieben.

**Zusammenfassung**

Zwei literarische Beispiele, wie sie konträrer nicht sein können, haben uns den unterschiedlichen Umgang mit dem Essen und dessen unterschiedlicher Symbolik vor Augen geführt. Bei Thomas Mann besaß die Mahlzeit eine gemeinschaftsstiftende, repräsentative

Funktion, wenn auch mehr oder minder gelungen, bei Primo Levi dient das Essen, das als elementares Lebensrecht verweigert wird, allein dem Überlebenskampf und führt daher zur Vereinzelung innerhalb einer Gemeinschaft.

Somit äußern sich hier die archetypischen Urkräfte von Gut und Böse in unterschiedlicher Weise, demonstriert am Essen und am Umgang des Menschen damit.

**Literatur**

*Böll, H. (1968):* Frankfurter Vorlesungen. München. Darin: Essen in der Literatur

*Goes, G. (2013):* Das Tischgespräch oder Gespräche beim Essen. In: Franz, N. (Hrsg.): Russische Küche und kulturelle Identität. Potsdam

*Hoock,Y. ( 2004):* Thomas Manns Buddenbrooks – Der Verfallsprozess. Universität Karlsruhe (TH)

*Jung, C. G. (1982):* Gesammelte Werke Bd. 8. Olten, Freiburg

*Levi, P. (2006):* Ist das ein Mensch? München

*Mann, T. (2008):* Buddenbrooks. Verfall einer Familie. Frankfurt

*Martin, M. (2017):* Pathos wird ihm nicht gerecht. Zum 30. Todestag von Primo Levi. www. welt. de>Kultur>Literatur

*Meller, M. (2005) über:* Fred Wander, Der siebte Brunnen. In: www. tagesspiegel. de/kultur/der-weg-ist-das-paradies/593314. html

*Müller, A. (2012):* Artikel 'Essen', in: www. symbolonline. de/index. php?title=Essen

*Spahr,J. (o. J.):* Essensszenen als Spiegelung familiärer Strukturen in Thomas Manns Buddenbrooks. www. thomasmann-duesseldorf. de/Julia Spahr

*Wierlacher, A. (1987):* Vom Essen in der deutschen Literatur. Mahlzeiten in den Erzählungstexten von Goethe bis Grass. Stuttgart.

**Irene Berkenbusch-Erbe**
Dr. phil. , Analytische Psychologin (DGAP, IAAP), Dozentin und Lehranalytikerin am ISAP Zürich, Dozentin am C. G Jung-Institut Stuttgart. Arbeit in freier Praxis in Ludwigshafen a. Rhein. Veröffentlichungen auf psychologischem und literarischem Gebiet.

*Wer nie sein Brot mit Tränen aß,*
*Wer nie die kummervollen Nächte*
*Auf seinem Bette weinend saß,*
*Der kennt euch nicht, ihr himmlischen Mächte.*

*Ihr führt ins Leben uns hinein,*
*Ihr lasst den Armen schuldig werden,*
*Dann überlasst ihr ihn der Pein,*
*Denn alle Schuld rächt sich auf Erden.*

J. W. Goethe, Wilhelm Meisters Lehrjahre, Band 1, 2. Buch (1795/96)

# Aktive Imagination und Märchen: Tischleindeckdich

Hanna Wolter

Foto: fazeful (www. fotolia. com)

**Prolog 1**

Essen ist eine Notwendigkeit, um zu überleben. Die Bibel erzählt uns noch mehr, nämlich dass die Bewusstseinsgeschichte des Menschen mit dem Essen angefangen hat: Eva beißt neugierig und lustvoll in den Apfel, den ihr die Schlange anpreist. Dies zieht einerseits die Vertreibung aus dem Paradies nach sich, andererseits ist damit die Möglichkeit der Erkenntnis geboren.

Inzwischen gibt es eine wissenschaftliche Hypothese, dass die Evolution des Menschen maßgeblich durch seine wachsende Fähigkeit zur Zähmung des Feuers und dessen Gebrauch zum Kochen gefördert wurde. Dadurch konnten Nahrungsmittel weich gekocht werden, die Nährstoffe wurden besser aufgeschlossen, einige Lebensmittel wurden überhaupt erst genießbar. Vor allem jedoch wurde der Aufwand des Kauens geringer, es konnten dem Organismus schneller viele Kalorien zugeführt werden. Hiervon profitierte das Gehirn und entwickelte sich.

Wenn wir die Bedeutsamkeit des Kochens und der schnellen und intensiven Aufnahme von Kalorien und Nährstoffen für die menschliche Entwicklung anerkennen, dann erscheinen Erzählungen vom *Schlaraffenland* in einem anderen Licht: Sich Nahrung schnell einverleiben zu können, sichert einen Überlebensvorteil und fördert Entwicklung.

Die Bedeutung des Essens für den Menschen spiegelt sich auch in den Märchen. Es muss uns also nicht wundern, dass auch dort oft von Essen und Trinken die Rede ist: Rotkäppchen bringt der kranken Großmutter Kuchen und Wein, Dornröschens Taufe wird mit einem rauschenden Fest gefeiert, bei Hänsel und Gretel dominiert der Hunger und findet sein Gegenstück im Lebkuchenhaus der Hexe, um nur einige der bekanntesten Märchen der Brüder Grimm zu nennen.

Der Kontrast zwischen „nichts zu beißen haben" und „Essen in Hülle und Fülle, bis sich die Tische biegen" kennzeichnet den Konflikt zwischen Arm und Reich und zeugt gleichzeitig von der ständigen Suche und Sehnsucht nach genügend Leben und Entwicklungsmöglichkeit. Von diesem Konflikt erzählen Märchen in vielerlei Variationen.

Eine Variante, mit der sich dieser Artikel beschäftigt, finden wir im Märchen *Tischleindeckdich, Goldesel und Knüppelausdemsack* Das „Wünschtischchen" erfüllt alle oralen Bedürfnisse - da ist man nicht mehr auf eine „falsche", hinterhältige Ziege, das Haustier der Armen, angewiesen; jetzt herrscht Überfluss und Genuss.

**Prolog 2**

Die Aktive Imagination hat Carl Gustav Jung in einer Krise für sich selbst „gefunden". Er schreibt dazu:

*Die «imaginatio» ist eine aktive Hervorrufung von (inneren) Bildern, … eine eigentliche Denk- oder Vorstellungsleistung, die nicht plan- und bodenlos ins Blaue «hinausfantasiert», also nicht mit ihren Gegenständen spielt, sondern die innere Gegebenheit in - der Natur getreulich nachgebildeten - Vorstellungen zu fassen sucht.*

Jung, 1995, Bd. 12, § 219

Fast alles kann zum Ausgangspunkt einer Aktiven Imagination werden: ein Traum, eine Stimmung, eine Frage oder eben auch ein Märchen. Dabei kann man durch „aktives" Miterleben der Handlung zu einem vertieften Verständnis des Märchens gelangen. Oder aber das Märchen bzw. Teile des Märchens dienen als Eingangspforte in die eigene Imagination.

Vor allem die letztere Möglichkeit habe ich mit verschiedenen Märchen in den vergangenen Jahren häufig angewendet und dabei die Arbeit mit Märchen und Aktiver Imagination weiter entwickelt: Es gibt zusätzlich einen themenzentrierten Fokus; für diesen Artikel im Jung Journal ist dies „Essen und Genuss". Dieses Fokussieren auf ein gemeinsames Thema bindet die verschiedenen Imaginationen der Teilnehmer/-innen enger zusammen. Verstärkt wird dies noch einmal durch die anschließende, ebenfalls neue Gesprächsrunde zum Thema.

Diese Gruppenarbeit zum Märchen *Tischleindeckdich, Goldesel und Knüppelausdemsack* mit Imagination zum Märchen und anschließendem Austausch über das Thema „Genuss und genießen" soll im Folgenden dargestellt werden.

**Das Märchen**

Ein Schneider lebt mit seinen drei Söhnen und einer Ziege mehr schlecht als recht. Die Söhne sollten nacheinander die Ziege zur Weide führen. Jeder von ihnen sucht Orte mit besonders leckeren Kräutern auf und lässt sie weiden. Abends fragen sie die Ziege, ob sie satt sei. Sie antwortet: *Ich bin so satt, ich mag kein Blatt: mäh! mäh!* Also führen die Jungen sie heim in den Stall. Der Vater traut seinen Söhnen nicht und fragt sie ebenfalls, ob sie auch satt geworden sei. Darauf die Ziege: *Wovon sollt ich satt sein? Ich sprang nur über Gräbelein und fand kein einzig Blättelein: mäh! mäh!* Darauf prügelt der Vater einen Sohn nach dem anderen aus dem Haus. Kurz danach erkennt der Vater die Falschheit der Ziege und jagt auch diese weg.

Die Söhne lernen alle ein Handwerk und bekommen von ihren Meistern zum Ende der Lehrzeit Geschenke: Der älteste, ein Schreiner, erhält ein Wünschtischchen, das sich auf Zuruf hin mit schönem Essen deckt; der zweite wird

Müller und erhält einen Esel, der Goldstücke spuckt; der dritte, ein Drechsler, erhält einen Knüppel in einem Sack, der denjenigen, die seinem Besitzer etwas zuleide tun, *das Wams auf dem Rücken ausklopft.*

Die beiden älteren Söhne wollen irgendwann zurück zum Vater, verlieren aber kurz vorher ihre Geschenke, ohne es zu merken, an einen betrügerischen Wirt. Der Jüngste holt mit seinem Knüppel das Wünschtischchen und den Goldesel zurück, und es gibt ein frohes Wiedersehen.

### Die Wünschtischchen

Für die Aktive Imagination in der Gruppe wurde nur mit dem Beginn des Märchens gearbeitet, bis zu der Stelle, wo der Älteste von seinem Meister das Wünschtischchen geschenkt bekommt. Der Einstieg in die individuelle Imagination war dann die Frage: „Was begehrt dein Herz? Was steht auf deinem Wünschtischchen?"

Im Folgenden wird deutlich werden, wie individuell verschieden, trotz des gleichen Ausgangsmotivs, die Imaginationen sind. Es zeigen sich grundlegende Unterschiede zwischen den Imaginationen: Da gibt es Tischchen, die Genuss ermöglichen, andere, die Genuss verhindern oder zumindest erschweren und jene, deren Angebot zum Genuss sich anders darstellt. Diese unterschiedlichen Wünschtischchen werden durch jeweils ein Beispiel lebendig gemacht. Es werden Überlegungen angestellt, was wohl Essen und Genuss beim Einzelnen jeweils verhindert oder fördert. Einige Ergänzungen zum Thema „Genuss" aus der Gesprächsrunde sollen das Spektrum erweitern. Abschließend dann einige Bemerkungen zu dieser vorgestellten Weise, aktiv zu imaginieren.

### Üppiger Genuss

Das Tischchen einer 63jährigen Frau steht in den Weinbergen des Markgräfler Landes. Sie erzählt:

*Ich schaue weit in die Rheinebene, bis zu den Vogesen. Es ist Herbstzeit, Trauben hängen an den Reben, die Sonne wärmt, ohne zu brennen. Mein Tischchen hat ein schönes weißes Tischtuch und darauf ein Trauben-Menü, passend zur Landschaft und zur Jahreszeit: Es gibt einen grünen Salat mit Weintrauben als Vorspeise. Das Hauptgericht sind Lamm-Medaillons in einer Traubensoße und Semmelknödel. Danach gibt es ein Traubensorbet mit Weinschaumsoße. In einem Glas leuchtet ein roter, sehr lecker schmeckender Wein aus der Gegend. Außerdem steht eine große Schüssel mit verschiedenen Traubensorten bereit, sogar Muskatellertrauben, die ich so liebe. Ein leichter Wind geht, das Essen schmeckt köstlich. Ich genieße das Mahl und auch, unter freiem Himmel zu speisen.*

*Plötzlich kommt ein Mann vorbei, bleibt stehen und spricht mich an. Ich lade ihn ein, mit mir zu essen, und bitte das Tischchen, sich für einen Gast zu decken. Es geschieht. Er setzt sich. Wir haben ein angenehmes, angeregtes Gespräch; er ist ein nettes und interessantes Gegenüber.*

*Ich verspüre noch Appetit auf einen Grappa - natürlich auch aus dem Markgräflerland - und einen Espresso, beides erscheint sofort auf dem Tisch. Dann sind wir fertig, und ich bitte das Tischchen, das benutzte Geschirr zu entfernen und wieder zu seinem Ausgangszustand zurückzukehren. Das Tischchen tut es. Ich freue mich, dass ich keine Reste wegräumen und abwaschen muss. Der Mann ist erstaunt, bewundert das sehr gewöhnlich und etwas ältlich aussehende Tischchen. Er freut sich für mich und beglückwünscht mich dazu. Wir beschließen, noch etwas gemeinsam weiter durch die Weinberge zu gehen. Ich freue mich über die nette Begleitung, bin wohlig gesättigt und rundherum zufrieden.*

In dieser Imagination bieten sich verschiedene Genüsse an: Ein schön gedeckter Tisch, leckere Speisen, das Essen unter freiem Himmel, die ungeplante, aber angenehme Gemeinschaft mit dem plötzlich auftauchenden Mann, der eingeladen wird, die Freiheit, nicht für den Abwasch sorgen zu müssen - all dies wird als Genuss empfunden und beschrieben.

Hier scheint ein ursprünglich positiver Mutterkomplex im Hintergrund wirksam zu sein, der Genuss ermöglicht und sehr sinnenhaft erlebt wird. Die Welt zeigt sich wohlwollend, wie beim positiven Mutterkomplex üblich.

**Erschwerter oder verhinderter Genuss**
Eine Teilnehmerin Mitte 60, gerade im Ruhestand, die sich für die vor ihr liegende Lebenszeit auch örtlich verändern will, aber am neuen Ort keine Wohnung findet, imaginiert:

*Mein Tisch hängt in einem quadratischen Raum in der Luft. Ich ziehe ihn herunter, aber er will nicht stehenbleiben. Er rutscht im Zimmer hin und her. Mit viel Mühe schaffe ich es schließlich, ihn in der Mitte des Raumes zum Stehen zu bringen. Ich will eine Tischdecke auf ihn legen und eine Flasche Wein darauf stellen. Da sehe ich, dass es ein wundervoller Tisch aus Olivenholz mit einer sehr schönen Maserung ist. Die Maserung fasziniert mich so, dass ich sie nicht bedecken möchte. Plötzlich stehen Teelichter auf dem Tisch, in denen sich ein Bergkristall spiegelt. Es ist so, als ob die Maserung des Tisches in ihrer Schönheit Gesellschaft bekommen hat.*

*Ich warte, dass etwas zu essen kommt, aber es kommt nichts. Irgendwann steht eine Schale mit Wasser auf dem Tisch, aber nichts zu essen. Also muss ich mir selbst etwas besorgen. Ich gehe hinaus in eine ländliche Gegend, komme an ein reifes Ährenfeld, pflücke einige Ähren und lege sie auf den Tisch.*

*Der Tisch steht jetzt auf einem schön drapierten blauen Tuch. Auf ihm steht eine orientalische Kanne mit Gewürztee. Jetzt habe ich zu essen und zu trinken, aber dennoch zieht es mich noch einmal nach draußen. Bei einem Feld mit Möhren und roten Rüben ziehe ich einige Früchte heraus und lege sie auch auf den Tisch. Nun sollte es zum Essen reichen.*

*Da sehe ich plötzlich, wie im Zimmer Mäuse herum huschen. Ich weiß, sie wollen an die Ähren. In der Ecke sitzt bewegungslos eine Katze. Sie schaut mich an, als ob sie mir sagen wollte: Ich passe auf die Mäuse auf. Ich lasse sie leben, aber vom Tisch dürfen sie nichts nehmen.*

*Die Katze signalisiert mir, dass ich noch einmal nach draußen in das schöne Wetter gehen kann. Ich pflücke noch einen Sommerblumenstrauß vom Feld: Calendula, Kornblume und Margerite, die kenne ich aus meiner Kindheit. Danach will ich wieder zurückkehren und entlastet essen und trinken.*

Der letzte Satz drückt ein Lebensgefühl aus: Es wird der Imaginierenden nichts „geschenkt", sie muss selbst tätig werden, was sie durchaus als „Last" erlebt. Dies tut sie auch klaglos und erstaunlicherweise ohne Ärger oder Enttäuschung; die „alte Programmierung" ist immer noch wirksam. Sie selbst zieht die Parallele zu ihrer Wohnungssuche, wo sich ihr - trotz aller Bemühung - auch nichts anbietet.

Anscheinend kann sie nicht auf die Fülle des Lebens vertrauen, sondern muss selbst für sich sorgen. Hier schwingt ein ursprünglich negativer Mutterkomplex mit, der mit Kontrolle und Anstrengung verbunden ist.

**Das Wünschtischchen als Platzhalter für anderes**
Eine Teilnehmerin identifiziert sich während des Vorlesens sofort mit der Ziege und frisst genussvoll. Dann erschrickt sie über die Gemeinheit der Ziege. Auf ihrem Wünschtischchen steht die geschorene Ziege. Die Teilnehmerin will von ihr wissen, was das Böse und Hinterhältige ist. Die Ziege hat aber weder Lust, auf dem Tisch zu stehen noch ihr etwas dazu zu sagen. Sie legt sich in das üppige, saftige Grün.

Auf die Fragen der Imaginierenden, warum sie so zerstörerisch sei und ihre eigene Existenzgrundlage kaputt mache, sagt die Ziege immer nur: „Lass mich in Ruhe!" Schließlich, als die Teilnehmerin insistiert, sagt die Ziege: Ich wollte da nur weg. Es gibt keinen Grund. Erst ist die Familie ganz nett. Sowie man etwas Zwietracht sät, gehen sie gleich auseinander, es gibt sofort Schläge, es gibt Vertreibung. Da kann man doch nicht an die Freundlichkeit glauben! Die Imaginierende wird ganz nachdenklich. Die Ziege setzt hinzu: Außerdem sollte ich ganz viel essen, aber eigentlich nur, *weil ich was geben sollte. Und wahrscheinlich wollten sie mich ja auch noch schlachten. Und außerdem blieb ich ganz einsam im Stall zurück.*

*Die Ziege springt auf, sagt: ‚Lass mich in Ruhe!' und geht weg. Ich gehe wieder zum Tisch, sage „Tischlein-deck-dich" und dann steht auf dem Tisch ein Glas Wasser. Ich gucke auf das Wasser und denke: Da habe ich jetzt auch vielleicht ein bisschen Klarheit; Klarheit im Sinne: Man kann das Böse, dieses Ablehnende nicht komplett erklären. Es war schön, das klare Wasser vor mir zu haben, es hatte etwas ganz Beruhigendes. Ich habe es nicht getrunken, nur angeguckt.*

Hier ist der Genuss blockiert durch das nicht verstehbare Böse, d. h. , bevor Genuss möglich ist, braucht es die Auseinandersetzung mit dem Bösem. Die Teilnehmerin kann sich im Schutz der Gruppe an die Konfrontation mit dem unerklärlich Bösen wagen. Dies beschäftigt sie aufgrund der sich häufenden Terroranschläge sehr, es macht ihr Angst. Ob

Bild: pbombaert (www.shutterstock.com)

diese Angst einen lebensgeschichtlichen Hintergrund hat, wissen wir nicht, können es allenfalls vermuten. Sie ist zufrieden mit sich, dass sie diese sie anstrengende Auseinandersetzung durchgehalten hat. Das Wasser, das danach auf dem Tisch steht, gibt Klarheit und damit Sicherheit.

**Was ist Genuss?**

An die Imaginationen schloss sich ein Gespräch über Genuss an. Dabei ging es natürlich auch um Essen und Trinken, Genuss geht aber für viele weit darüber hinaus.

Fangen wir beim Essen und Trinken an: Schon das Einkaufen für ein Essen bedeutet für eine Teilnehmerin Genuss, besonders, wenn sie über einen Markt gehen und sich von den Lebensmitteln inspirieren lassen kann. Ein anderer Teilnehmer genießt es besonders, wenn das Essen gemeinschaftlich zubereitet wird; dann ist für ihn auch das Abwaschen nicht unangenehm.

Aber auch die sinnliche Erfahrung, das Körperliche wird als Genuss erlebt. Die Sexualität gehört natürlich hierher und wird auch von mehreren Teilnehmer/-innen genannt. Aber auch die nicht-sexuelle körperliche Berührung kann als Genuss erlebt werden. Eine Teilnehmerin berichtet in diesem Zusammenhang, dass ihr Vater nach dem Tod der Mutter in ein Altenheim mit der Begründung ging: „Dort streichen sie einem immer über den Arm oder den Rücken."

Einiges andere bereitet ebenfalls Genuss: Musikhören und selbst musizieren, gute Streitgespräche, Vorfreude auf etwas, z. B. eine Urlaubsreise erhöht und verlängert den Genuss, selbst die Arbeit kann genussvoll erlebt werden.

Sehr einig waren sich alle darin, dass Genuss vor allem davon abhängt, in der Gegenwart zu sein, im Hier und Jetzt wach und aufnahmebereit zu sein. Diese Fähigkeit zur Präsenz lässt vieles zum Genuss werden: Essen und Trinken, Berührung und Sexualität, Gespräche, gemeinsames Tun und Erleben.

## Epilog

In diesem Artikel habe ich eine Weiterentwicklung der Aktiven Imagination mit Märchen beschrieben: Anhand eines Märchens wird ein bestimmtes Thema individuell imaginiert. Eine zusätzliche Vertiefung erfolgt im nachfolgenden Gespräch. Dieses Vorgehen zeigt sich sowohl für den Einzelnen ergiebig wie auch für die Gruppe; es wurde von den Teilnehmenden sehr geschätzt.

Trotz des vorgegebenen Themas setzen sich die eigenen Themen und Problembereiche in der Imagination des Märchens durch. Die Märchenarbeit fördert erkennbar die individuelle Entwicklung des/der Einzelnen und unterstützt den Individuationsprozess.

Das thematisch fokussierte Gespräch führt zu einem intensiveren Gruppenerleben als nur die Besprechung der einzelnen Imaginationen; alle Teilnehmer/-innen können sich mit ihren eigenen Erfahrungen und Fragen gleichwertig einbringen. Die Gesprächsrunde bündelt und verdichtet dabei die Erfahrungen der Einzelnen und macht sie für die Gruppe verfügbar.

Obwohl das Märchen in der Gruppe nicht interpretiert wird, entsteht ein vertieftes Verständnis des Inhalts mit seinen verschiedenen Aspekten.

Es eröffnet sich mit diesem Vorgehen also eine interessante Perspektive, existenzielle Themen - und da sind Märchen natürlich eine wunderbare Quelle! - vertiefend zu bearbeiten. So kann individuelle Entwicklung angestoßen und Individuation gefördert werden.

Beispielsweise könnten folgende Themen bearbeitet werden: Ablösung und Autonomie, männliche und weibliche Entwicklung, Vater- und Mutterbeziehung ebenso wie die zu den Geschwistern, Angst und ihre Überwindung, Wut und Aggression, Krankheit und Gesundung, der Schatten und das Böse, Macht und Ohnmacht, Paarbeziehungen, Erlösung und Wandlung, der Reifungsweg zur Individuation, um nur einige zu nennen.

Die Vielfalt und der Reichtum der Märchen bieten eine Fülle von Möglichkeiten, um die verschiedensten Themen und Fragen in der vorgestellten Weise zu bearbeiten.

**Literatur**
*Brüder Grimm (1996):* Kinder- und Hausmärchen. Hrsg: Uther, H. München
*Jung, C. G. (Sonderausgabe 1995):* Psychologie und Alchemie. Solothurn/Düsseldorf
*Kast, V. (1994):* Vater-Töchter Mutter-Söhne. Wege zur eigenen Identität aus Vater- und Mutterkomplexen. Stuttgart
*Liebs, E. (1988):* Das Köstlichste von Allem. Von der Lust am Essen und dem Hunger nach Liebe. Stuttgart/Zürich
Wolter, H.: Aktiv imaginieren mit Träumen und Märchen. In: *Dorst, B., Vogel, R. T. (2014):* Aktive Imagination. Schöpferisch leben aus inneren Bildern. Stuttgart
*Wrangham, R. (2009):* Feuer fangen. Wie uns das Kochen zum Menschen machte - eine neue Theorie der menschlichen Evolution. München.

**Hanna Wolter**
Diplom-Psychologin, Diplom-Pädagogin, Psychologische Psychotherapeutin, Psychoanalytikerin nach C. G. Jung Supervisorin BDP, Lehrbeauftragte Ruth Cohn Institute for TCI international, Dozentin C. G. Jung-Gesellschaften Hannover und Hamburg, Lindauer Psychotherapiewochen, C. G. Jung-Institut Zürich.

# Das Märchen vom süßen Brei

Diethild Laitenberger

Foto: Jörg Brinckheger (www. pixelio. de)

**Das Märchen**

*Es war einmal ein armes frommes Mädchen, das lebte mit seiner Mutter allein, und sie hatten nichts mehr zu essen. Da ging das Kind hinaus in den Wald, und begegnete ihm da eine alte Frau, die wußte seinen Jammer schon und schenkte ihm ein Töpfchen, zu dem sollt es sagen ‚Töpfchen, koche‘, so kochte es guten süßen Hirsebrei, und wenn es sagte ‚Töpfchen steh‘, so hörte es wieder auf zu kochen. Das Mädchen brachte den Topf seiner Mutter heim, und nun waren sie ihrer Armut und ihres Hungers ledig und aßen süßen Brei, so oft sie wollten. Auf eine Zeit war das Mädchen ausgegangen, da sprach die Mutter „Töpfchen, koche‘, da kocht es, und sie ißt sich satt; nun will sie, dass das Töpfchen wieder aufhören soll, aber sie weiß das Wort nicht. Also kocht es fort, und der Brei steigt über den Rand hinaus und kocht im merzu, die Küche und das ganze Haus voll, und das zweite Haus und dann die Straße, als wollt‘s die ganze Welt satt machen, und ist die größte Not, und kein Mensch weiß sich da zu helfen. Endlich, wie nur noch ein einziges Haus übrig ist, da kommt das Kind heim, und spricht nur ‚Töpfchen, steh‘, da steht es und hört auf zu kochen; und wer wieder in die Stadt wollte, der musste sich durchessen.*

**Einleitendes**

Das Märchen wurde von Henriette Dorothea Wild, der späteren Frau von Wilhelm Grimm 1813 in Kassel erzählt. Sie war damals 19 Jahre alt. Es handelt sich hier um ein sehr kurzes, zunächst fast anspruchslos wirkendes Märchen. Doch es lohnt sich, sich mit ihm zu beschäftigen. Denn es spiegelt, wenn man sich ihm in Offenheit zuwendet, aktuelle Themen unserer heutigen Gesellschaft wider.

Es erzählt von einem Mädchen, dessen Mutter und einer alten, hilfreichen, wissenden Frau im Wald. Das Mädchen und die Mutter haben nichts zu essen, sie hungern. Von einem Vater wird nichts erzählt, der scheint zu fehlen. Betrachten wir zunächst die geschilderten Personen.

## Das Mädchen

Es wird mit den Eigenschaften „fromm und gut" beschrieben. Leider wird Frömmigkeit heute häufig nicht mehr positiv bewertet. Sogenannte „fromme" Menschen werden oft als falsch, heuchlerisch, unangenehm bigottisch erlebt. Das der Frömmigkeit eigene Urvertrauen in eine das Leben lenkende, übergeordnete göttliche Kraft ist dadurch in Misskredit geraten. Doch für dieses Mädchen im Märchen wird seine Frömmigkeit ausgesprochen positiv bewertet. Es scheint, trotz Armut, trotz Hunger, trotz eines fehlenden Vaters das Vertrauen in seinen ihm zugedachten Lebensweg nicht verloren zu haben. So verhilft ihm seine Frömmigkeit und sein Urvertrauen zu der Begegnung mit der alten Frau im Wald – und damit zu dem Geschenk, das den Hunger stillt.

## Die Mutter

Von ihr wird nur erzählt, dass sie, ebenso wie ihre Tochter, das Geschenk der Alten benutzt. Aber sie fragt nicht nach der Spenderin, sie nimmt ohne Dank die neue Nahrungsquelle, geradezu selbstverständlich, einfach an.

Für Therapeuten, gewohnt, in der Anamnese auch die Persönlichkeiten der Eltern zu beleuchten, würde der Verdacht entstehen, dass diese Mutter unreflektiert das, was ihr das Kind bietet, selbstverständlich vereinnahmt, ohne darüber nachzudenken. Es könnte vermutet werden, dass sie das Kind für die eigene Bedürfnisbefriedigung benutzt und an sich bindet.

Mit diesem Gedanken wäre eine zweite Not des Mädchens angesprochen. Das Mädchen,

das Kind, scheint die Verantwortung für das Leben beider zu haben. Nicht etwa, wie dies im Normalfall der Fall sein sollte, die Mutter.

Das würde bedeuten, dass die Mutter, ähnlich wie Rotkäppchens Großmutter, „krank und schwach" ist – und dass dem Mädchen nicht nur der Vater, sondern auch fürsorgliches mütterliches Umsorgtwerden fehlt.

## Der fehlende Vater

Das Märchen gibt keinen Hinweis auf einen Vater. Offen bleibt, ob dieser gestorben ist oder ob er Kind und Mutter verlassen hat.

In meiner Generation wuchsen viele Kinder ohne Vater auf. Viele Väter waren im 2. Weltkrieg gefallen. Für alle diese Heranwachsenden war der Verlust des Vaters sehr schmerzlich. Auch sie wuchsen häufig in Armut auf, weil die meisten Mütter keinen entsprechenden Beruf erlernt hatten. Von daher gab es kaum finanzielle Einkünfte.

Heute wiederum fehlt der Vater häufig, weil die Ehe der Eltern geschieden ist. Doch der Vater kann in der Regel wenigstens besucht werden. Erfahrungsgemäß entsteht jedoch zwischen den betroffenen Müttern und Kindern ein sehr nahes, häufig zu enges Verhältnis. Viele dieser Kinder fühlen sich sehr rasch für die Mutter verantwortlich. Es fällt ihnen schwer, die zu enge Bindung an die Mutter aufzugeben. Die Mütter wiederum fühlen sich als Alleinerziehende häufig überfordert. Sie wollen den Vater ersetzen. Doch das ist nicht möglich.

Wenn im Märchen der Vater mit keinem Wort erwähnt wird, dann gibt das aber auch einen Hinweis darauf, dass das väterliche und männliche Prinzip fehlt. Wir verknüpfen damit Aktivität, positives in Angriff nehmen und in weiterem Sinne auch die geistige Welt - dies im Gegensatz oder zur Ergänzung des mütterlichen Prinzips, dem wir Geborgenheit und Versorgtwerden zuordnen. Von daher erscheint im Märchen sehr positiv, dass sich das Mädchen aus eigener Initiative „auf den Weg macht" und im Zusammenhang mit dieser Aktivität dann Hilfe erfährt.

**Eine alte Frau im Wald**

Auch über die alte Frau wird wenig geschildert. Sie wird als Wissende beschrieben. Ob sich das Mädchen und sie beiden bereits kannten, wird nicht erzählt. Aber es lässt sich unschwer erkennen, dass das Mädchen einem zugewandten, mütterlichen Prinzip begegnet, das in unser aller Seele abrufbar bereit liegt.

Vermutlich hat jede(r) von uns schon erlebt, wie sich über einen Waldspaziergang neue Kräfte aufbauen und positive Gedanken einstellen. Über die Vegetation, oft über den Duft – aber auch über die ruhige Atmosphäre des Waldes werden die überpersönlichen Kräfte des Mutterarchetyps erlebbar und spürbar.

Das Kind erhält – so erzählt das Märchen weiter – von der alten Frau ein Zaubertöpf-

Foto: belushi (www. shutterstock. com)

chen, das Hirsebrei schenkt. Für Mutter und Kind wird damit der Hunger gestillt und die aktuelle Not beendet. Ganz offensichtlich müssen jedoch beim Umgang mit dem Töpfchen, der neuen Nahrungsquelle, gewisse Regeln sehr sorgfältig beachtet werden. Die Mutter bemächtigt sich der Gabe der alten Frau, als das Mädchen nicht da ist – aber sie kann nicht damit umgehen.

Mein erster Gedanke war: „Wie kann eine Mutter so blöd sein und zwei Worte vergessen!" Aber die Märchenaussage führt in eine andere Richtung, deutet auf einen völlig anderen Aspekt. Denn indirekt wird auf die enge Beziehung zwischen Mutter und Tochter hingewiesen. Die Mutter scheint ohne die Tochter hilflos zu sein. Doch sie will die Gabe der Tochter für sich allein nutzen. Ihrerseits wäre Respekt vor dem Geschenk, das das Kind erhalten hat, geboten gewesen. Dies umso mehr, weil die Nahrungsquelle eher eine Speise für Kinder ist. Allerdings gilt Hirse als nährstoffreichstes Getreide. Hirsebrei enthält fast alles, was für eine gesunde Ernährung notwendig erscheint.

Kindertherapeuten erleben häufig in der Praxis, dass bei Müttern eine gewisse Eifersucht auf die heranwachsenden Töchter besteht. Sie neiden ihnen die Gaben oder Befähigungen, die sie, die Mütter, bei sich selbst nicht entwickeln konnten. Sie wollen es den Töchtern gleichtun, geraten sogar gelegentlich in Konkurrenz zu ihnen.

Die Märchenerzählung stellt jedoch auch vor die Frage: Warum kann die Mutter nicht warten, bis das Kind heimkommt? Ist ihre „Gier" nach Nahrung so groß? Ist es eine „unersättliche" Mutter?

Damit kommen wir zu den Aktualitäten dieses Märchens im Kontext unserer heutigen Konsumgesellschaft.



*essensausgabe*

## Vom Hunger zum Überfluss

Wir können uns heute in Deutschland Hunger kaum mehr vorstellen. Aber während und nach dem Zweiten Weltkrieg gab es diesen auch bei uns. Die Bevölkerung in den Städten war darauf angewiesen, dass Bauern ihnen von dem Ertrag ihrer Ernte abgaben. Das war nicht immer leicht, gelegentlich geradezu demütigend.

Mein Vater erzählte von solchen Erfahrungen. Er kam einmal an einem Bauernhof vorbei, der ihm groß und reich erschien. Dort bat er für unsere damalige Familie, vier kleine Kinder und die Eltern, um Brot und Gemüse. Die Bauersfrau, die die Türe geöffnet hatte, rief ihrem Mann zu: „Gib dem Mann eine Kartoffel!" Das war geradezu beschämend. Ganz abgesehen davon, dass meinem Vater derartige „Bettelgänge" sehr schwer fielen. Aber für uns hat er diese auf sich genommen.

Es gab allerdings ebenso Einfühlung und Hilfsbereitschaft. Damalige Flüchtlinge erzählten auch von solchen Erlebnissen.

Einige Jahre nach dem Krieg kam es jedoch bei uns in Deutschland zu einem stetig wachsenden materiellen Reichtum. Er wurde für uns immer selbstverständlicher. Heute ist die riesige Auswahl in den Lebensmittelmärkten oft kaum mehr überschaubar. An den Kassen bilden sich an Wochenenden oder vor Feiertagen lange Schlangen. Man kann immer wieder nur staunen, was da in die Einkaufswägen gehäuft wird. Oft sind Restaurants während der Hauptmahlzeiten geradezu überfüllt.

Nach dem Fall der Mauer empfanden die aus dem Osten kommenden Deutschen den Westen fast wie ein „Schlaraffenland".

## Der Überfluss

In der Tat, Deutschland hat sich zu einem der reichsten Länder auf dem Erdball entwickelt. Aber dieser Überfluss birgt Probleme. Wir begegnen diesen nicht selten in der psychotherapeutischen Praxis.

Foto: Noam Armonn (www. shutterstock. com)

Die Zahl der Essstörungen steigt immer mehr an. Hierzu ein Beispiel: Eine 17jährige Jugendliche erzählte mir von einem geradezu übermächtigen inneren Zwang, dem sie sich ausgeliefert fühle:

„Es beginnt schon mit dem Einkaufen: Mehrere Laibe Brot, Obst und Gemüse aller Art, Süßigkeiten, Kuchen und Gebäck, Packungen mit Joghurt, Wurst und Käse, dazu verschiedenste Konserven. Zuhause breite ich alles auf dem Küchentisch aus. Und dann kann ich nicht mehr aufhören, bis alles verzehrt ist. Weil mir hinterher Magen und Bauch weh tun, stecke ich den Finger in den Rachen und kotze alles wieder aus."

Viele „Übersättigte" erkennen wir an ihrer Körperfülle, die in der Folge manche gesundheitliche Probleme mit sich bringt. Ich will diese hier nicht aufzählen. Neben diesen sogenannten „Fresssüchtigen" gibt es Menschen, die sich dem Zwang unterwerfen, möglichst wenig, am besten sogar „nichts" essen zu wollen, die sogenannten „Magersüchtigen". Sie hungern sich gelegentlich sogar zu Tode. Sie berichten meist, dass sie beim Essen immer ein sehr schlechtes Gewissen hätten. So, als würde ihnen unser Angebot an Nahrungsmitteln nicht zustehen.

Über Ess- und Magersucht sowie die Bulimie begegnen wir den „Opfern" unseres Überflusses.

Auch die vielen Alkoholiker und die zunehmende Zahl Drogensüchtiger verweisen auf die Auswirkungen unserer Überflussgesellschaft. Um mit dem Märchen zu sprechen, haben sie das „Wort vergessen", das der Not ein Ende bereiten würde.

**Töpfchen stehe**

*Kinder sind die Weisen unserer Zeit!* Diesen Satz habe ich vor langen Jahren während meines Studiums am Jung-Institut von meinem Lehranalytiker Dr. Theodor Seifert gehört. Er hat sich mir bis heute eingeprägt.

In unserem Märchen bewahrheitet sich dieser Satz. Das Kind hat sich das Zauberwort gemerkt. Es kann dadurch das Unheil abwenden, das die ganze Stadt zu ersticken und unter sich zu begraben droht. Offensichtlich kann nur das Kind mit dem Geschenk umgehen, das ihm zuteil wurde.

Die Gabe einer nährenden, mütterlichen Seite liegt in uns allen zwar abrufbar bereit. Aber offensichtlich ist sie nur einer „jung" gebliebenen Seite unserer Seele zugänglich - einer Seite unseres Selbst, die im Gewohnten und Selbstverständlichen dennoch um Regeln weiß und diese Regeln gewissenhaft einhält. Denn gerade das fällt im Erwachsenenleben nicht immer leicht. Zu verführerisch sind Genussmöglichkeiten, die leicht zur Sucht werden können.

M. E. verweist das Märchen darauf, mit den Nahrungsgeschenken, die uns selbstverständlich erscheinen, gewissenhaft umzugehen. Damit wäre für uns heute über die täglichen Mahlzeiten hinaus auch der Umgang mit den Gaben der Natur angesprochen. Eine Botschaft dieses scheinbar so anspruchslosen Märchens könnte heißen, im Alltäglichen und Gewohnten darauf zu achten, was uns nährt.

Es könnte bei Suchtgefährdung hilfreich sein, sich selbst Grenzen zu setzen. Das heißt auch, dass wir uns im Zusammenhang mit der Ausbeutung unserer Natur Gedanken machen sollten. Was können wir dazu beitragen, dass die Umwelt nicht mit allzu schädlichen Stoffen und Giften belastet wird?

Das kann offenbar nur einer „jungen" bzw. zukunftsgerichteten Seite in uns (siehe Kind im Märchen) gelingen. Mögen wir uns diesen Themen nicht verschließen, sondern auch im Kleinen aktiv dafür Sorge tragen, dass uns die gesunden, lebensfördernden Kräfte der Natur erhalten bleiben.

**Literatur**
*Das Märchenlexikon Bd. 2 (1995):* Der süße Brei. München
*Lenz, F. (1984):* Bildersprache der Märchen. Stuttgart.

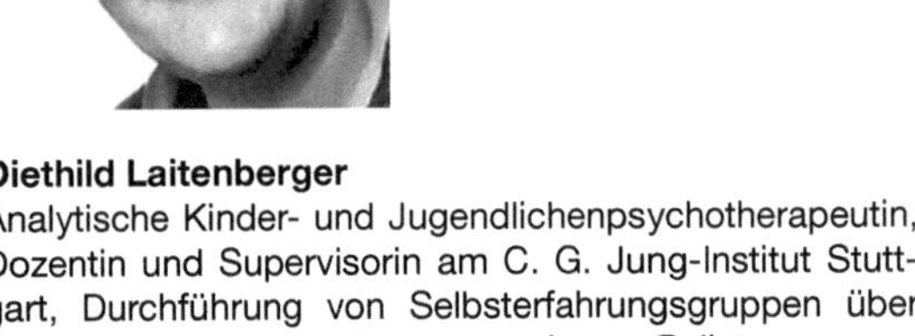

**Diethild Laitenberger**
Analytische Kinder- und Jugendlichenpsychotherapeutin, Dozentin und Supervisorin am C. G. Jung-Institut Stuttgart, Durchführung von Selbsterfahrungsgruppen über Märchen, Mythen und Träume sowie von Balintgruppen.

# Das Schlaraffenland

Vom sagenhaften Schlaraffenland wird erzählt, dass alle Brunnen voll besten Weines und voll Champagner sind, die jedem nur in's Maul hineinlaufen, wenn er es hinhält. Die Häuser sind mit Eierkuchen bedeckt, die Wände aus Lebkuchen, die Balken aus Schweinebraten, die Zäune aus Bratwürsten geflochten. Dahin würde mancher gerne auswandern, wenn er nur wüßte, wo das Schlaraffenland liegt.

Im schönen Schlaraffenland fliegen die Vögel gebraten in der Luft herum, ja sogar direkt in's Maul, wenn man es aufmacht. Die Bäume tragen Würste und Schinken, die Sträucher knusperige Brötchen, die Käse wachsen wie Steine. Spanferkel laufen gebraten umher und tragen auf dem Rücken sogar Messer und Gabel. In den Bächen fließt Milch und Honig und ein echter Schlaraff braucht nur Bst! Bst! zu machen, so kommen die gebratenen Fische in die Hand.

Damen haben es im Schlaraffenland besonders herrlich. Im Walde hängen auf Bäumen die schönsten Kleider, vom Hemd bis zum Mantel, in allen Farben und Stoffen. Die Sträucher tragen Perlen, Broschen und Ringe. Feinste Stiefel und Schuhe, Hüte und Mützen gibt's im Tannenwald. Was wollen die schönen Frauen mehr?

Auch im Schlaraffenland wird man alt und häßlich. Aber auch dagegen hat man ein Mittel, den Jungbrunnen oder die Alt-Weiber-Mühle. Alte Frauen kommen in das Jungbad für drei Tage. Dann sind sie wieder jung und schön wie Mädchen von achtzehn Jahren, so daß eitel Freude herrscht, wenn sie wie neugeboren vom Mann nach Hause getragen werden.

Wer im Schlaraffenland am meisten essen, trinken, spielen und schlafen kann, wer der Gefräßigste und Faulste zugleich ist, wird König. Er braucht sich nur auf seinen Thron zu setzen und sich zu füttern lassen, bis er einschläft. Wer will König von Schlaraffenland werden?

Gemälde P. Brueghel, 1567, Alte Pinakothek, München, Text einer Bilderserie von O. Herrfurth, ca. 1920, www.goethezeitportal.de)

# „Reinbeißen, bevor es ein anderer tut."
## Ersatzbefriedigungen und Erlösungssehnsüchte

Roland Heinzel

**Einleitung**

Als ich vor einigen Jahren beim Bäcker ein paar „süße Stückle" kaufte, las ich zu meiner Verblüffung auf der Papiertüte den Satz „Reinbeißen, bevor es ein anderer tut." Er erscheint mir als ein Beispiel dafür, wie Werbung unterschwellig unsere archaischen Bedürfnisse, unseren Egoismus und „Futterneid" anzusprechen vermag. Ich möchte deshalb hier das Essen in einen größeren Kontext stellen.

Derartige „Verführungen" deuten neben anderen Indizien darauf hin, dass Hegels ethisches Prinzip der Balance zwischen dem Einzelnen als „Selbstzweck" und dem Einzelnen in seinem Bezug zum Anderen, was Jung so treffend in seinem Individuationskonzept beschrieb, gerade in den letzten 25 Jahren – vor allem durch die „Schatten der Globalisierung" – in vielen Ländern, auch in denen der „westlichen" Welt, immer deutlicher bedroht ist. Dadurch vertiefen sich die Spaltungsvorgänge in der Gesellschaft – zwischen „Oben" und „Unten", zwischen Arm und Reich – und v. a. zwischen „Verführern" und „Verführten" in der „entpolitisierten Masse".

**1. Arm und Reich**

**1.1 Schatten-Kollusion**

Mit diesem Kunst-Wort verknüpfe ich zwei unterschiedliche Ansätze: Einerseits das Modell des Schattens, andererseits das Konzept des Ineinandergreifens von Neurosen oder einseitigen Entwicklungen, die Jürg Willi mit Kollusion (Zusammen-Spiel) beschreibt.

Auf diese ineinandergreifenden Schattenaspekte, die ich hier vorerst nur erwähne, will ich später genauer eingehen: Es ist auf der einen Seite der Schatten der Reichen und Mächtigen und auf der anderen Seite unser je eigener Schatten, der Schatten der „Verbraucher".

Einer der ökonomischen Hintergründe dieses Ineinandergreifens ist die Tatsache, dass offenbar wir alle von der Spaltung profitieren. Es gibt Pläne der Bertelsmann-Stiftung, nach denen in „Elite-Unis" gezielt Ehrgeiz und Konkurrenzverhalten der Studierenden „trainiert" werden, damit sie v. a. für das reibungslose Funktionieren in der Wirtschaft „fit" werden. So werden Leute für die „Business-Class" gezüchtet und damit deren Macht-Komplex gefüttert, mit dem sie später nicht nur unmoralisch viel Geld verdienen, sondern von deren Entscheidungen auch oft das Schicksal vieler Menschen abhängt. Wirtschaftsethik hat sich in diesen Kreisen und Studiengängen noch wenig etabliert – aber auch nicht unbedingt bei uns, die wir uns doch oft auch gerne als bewusste und geistige Elite ansehen.

**1.2 Wissen ist Macht**

Schon in der Schöpfungsgeschichte spielt das Essen eine große Rolle – hier das Essen des berühmten Apfels, der vermutlich eine Feige war. Schon als Kind habe ich mich gewundert, warum Gottvater einerseits diesen Baum ins Paradies gestellt hat, aber gleichzeitig Adam und Eva verboten hat, davon zu essen. Ich hatte ihn damals schon im Verdacht, gerade durch sein Verbot die soeben von ihm erschaffenen ersten Menschen dazu zu verführen, „reinzubeißen". Verbotene Früchte schmecken gut... Und warum heißt es im Vaterunser *und führe uns nicht in Versuchung*? Warum sollte Gott das denn tun wollen? Ist er hinterhältig?

*Eritis sicut deus scientes bonum et malum. (Ihr werdet sein wie Gott und wissen, was Gut und Böse ist.)* Warum schrieb Mephisto diesen Satz der Schlange dem Studenten des Faust ins Stammbuch? Wir sehen, wie eng offenbar in den Vorstellungen der Menschen Verbote und deren Übertretung mit Erkenntnis, Wissen, Scham und „Sünde" verknüpft sind. Aber was könnte damals die Sünde gewesen sein? Hätten Adam und Eva denn nicht „reinbeißen" und deshalb unbewusste Tiere bleiben sollen? Auch wenn wir diesen Akt tiefenpsychologisch als notwendigen Schritt zur Bewusstwerdung, Freiheit und Selbstverantwortung des Menschen interpretieren – bis heute steckt darin auch der Vorwurf der Hybris, wie Gott sein zu wollen. Und die Autoren der Bibel formulierten ja auch den göttlichen Auftrag: *Macht euch die Erde untertan!* Oder steckte die Hybris schon in Jahwe, dessen Ebenbild wir ja angeblich sind? Oder hat er uns sogar die Verführbarkeit durch Macht vererbt?

Die Werbung arbeitet ja auch mit der Verlockung, durch den Kauf eines Gegenstands etwas Besseres zu sein, einen gewissen Status zu verkörpern. Das Rauchen einer Zigarette mit dem *Duft der großen, weiten Welt* lässt uns zum „Jetset" gehören oder durch das Fahren einer vierradangetriebenen, kleinlastwagenähnlichen Geländelimousine können wir unseren Pioniergeist, unsere Unabhängigkeit und potente Größe beweisen.

Wenn man dies so sieht, kommt einem der Verdacht, dass Investoren, Spekulanten, Lobbyisten und Verbraucher den oben zitierten „göttlichen" Auftrag ziemlich wörtlich genommen haben. Sind wir heute weiter als zu den unbewussten Zeiten des „Paradieses"?

Ein Blick in das Fernsehprogramm lässt daran zweifeln. Doch wer macht diese Programme und die vielen Zeitschriften am Kiosk? Wer beeinflusst die Bundestagsabgeordneten, wenn auf jeden von ihnen 500 Lobbyisten kommen? Und wer formuliert den Ausschüssen die Gesetzestexte? Früher haben Priester, ob in Ägypten oder in Delphi, den „Willen der Götter" interpretiert. Aber war es nicht schon immer das Bestreben der Mäch-

tigen, mit ihrer Definitionsmacht und strukturellen Gewalt die Masse mit „panem et circenses" (Brot und Spiele) einzulullen? Auf heute übertragen hieße das: Süße Stückchen, Unterhaltungs-Elektronik und Fernsehserien. Der Media-Markt wirbt mit dem Slogan: *Hauptsache Ihr habt Spaß.* Der Philosoph Armin Risi sagt: *Unterhaltung ist Unten-Haltung.*

Zu allen Zeiten haben ja Diktatoren, und leider auch Führerfiguren fast aller Religionen (v. a. der monotheistischen) versucht, ihre Schäfchen unwissend zu halten. Warum wurde z. B. die Bibel so lange nicht ins Deutsche übersetzt?

Natürlich haben alle Meinungsführer und Drahtzieher es immer „gut gemeint" mit dem „Pöbel" (wie Hegel ihn nennt). Dostojewskis Großinquisitor (im 5. Buch seiner „Brüder Karamasow") will den wiedergekehrten Jesus auf den Scheiterhaufen bringen, damit der die Menschen nicht aufklärt, weil die angeblich keine Verantwortung übernehmen wollen, sondern sich gern der Mutter Kirche unterwerfen – aber auch, weil damit die Macht der Kirche bedroht würde. Aus dem gleichen Grund bekam ja schon Sokrates den Schierlingsbecher.

Auch hier wieder müssen wir uns die Schattenkollusion vor Augen halten: Wer sorgt für die Einschaltquoten und Verkaufsziffern, wer kauft dies alles ein, wer speist in „Gourmet-Tempeln", wer wirft die mehr als 800.000 Tonnen Lebensmittel im Jahr in Deutschland weg, wer kauft Plastikmüll, wer nutzt die aus Kohlen- und Atomkraftwerken erzeugte Energie, wer reist mit dieselbetriebenen Luxusdampfern in die entlegendsten Gebiete der Erde? Sind das nicht wir?

Freud mutmaßte, dass die Macht eines Führers u. a. auf der Sehnsucht seiner Anhänger beruhe, durch die Identifizierung mit ihm und der ihm folgenden Masse einerseits Sicherheit, andererseits unendliche Macht zu erleben, welche es ihm gestattet, Triebe auszuleben, die er als Individuum hätte zügeln müssen. Damit einher gehe jedoch ein Schwund der bewussten Persönlichkeit, und es entstehe eine Neigung, sich von jedem Affekt innerhalb der Masse anstecken zu lassen und durch „gegenseitige Induktion" wiederum den Affekt zu verstärken. Schon im 19. Jh. sagte der englische Historiker und Politiker Lord Acton: *Macht führt zu Korruption, und absolute Macht korrumpiert völlig.* - wohl auch bei uns selbst.

Die Bio-Ethikerin Christine v. Weizsäcker berichtet vom Versuch eines Neurophysiologen. Der wollte wissen, wie es den Fischen gelingt, immer synchron im Schwarm zu schwimmen. Zu diesem Zweck nahm er aus einem Schwarm einen Fisch und unterbrach die Verbindung der sensorischen Nerven zur Gehirnrinde, sodass er seine Umgebung nicht mehr erkannte. Als er ihn ins Wasser zurücksetzte, schwamm der Fisch wild drauflos. Und was geschah? Der gesamte Schwarm folgte ihm! Vielleicht glaubte er, der wisse, wo's lang geht? Muss uns das nicht nachdenklich stimmen? André Gide sagt: *Glaube denen, die die Wahrheit suchen, und zweifle an denen, die sie gefunden haben.*

## 2. Geld-Macht und Manipulation

### 2.1 Der „göttliche Markt"

Der Finanzfachmann und Jungianer Bernard Lietaer beschrieb lange vor der Finanzkrise, wie die Menschheit durch die Verdrängung und Entwertung des Archetyps der Großen Mutter immer mehr in eine Schieflage gerät:

Im heutigen Geldsystem, das im „Monetarismus" der Chicagoer Schule von Milton Friedmann seinen vorläufigen Höhepunkt gefunden hat, ist die Macht einseitig bei den „Vermögenden" - auch ein Wort für Macht. Die Eliten allerdings steuern die Mehrheit der Bevölkerung durch die Verlockung der „Freiheit", des Genusses und des Glücks, um jeden zum willfährigen und systemerhaltenden „homo oeconomicus" zu machen, dessen vorrangiger Lebenssinn darin besteht, zu konsumieren.

Vor allem C. G. Jung wies immer wieder darauf hin, dass die Bürger der am weitesten „entwickelten" Nationen seit zwei Jahrhunderten mehrheitlich immer weniger Zugang zu ihren geistigen und spirituellen Wurzeln haben, dass sich dadurch im Unbewussten ein Defizit an Sinn-Erleben ansammelt und eine – von vielen nicht bewusst wahrgenommene – Sehnsucht nach Einbettung in einen größeren Zusammenhang entsteht, verbunden mit dem Wunsch nach Erlösung, danach, von jemandem gerettet und von der Last der Eigenverantwortung befreit zu werden.

Das hat, wie wir leidvoll erfahren haben, in vielen Kulturen, auch in Mitteleuropa, immer wieder zu Massenphänomenen, zu Fundamentalismus und zur Bewunderung und Aufopferung gegenüber politischen Verführern geführt, von Napoleon über Hitler bis Erdogan. Aus dem gleichen Grund besteht auch hierzulande immer noch die Neigung, fernöstlichen Gurus nachzufolgen.

Wir müssen weiterhin annehmen, dass unbewusste spirituelle Erlösungssehnsucht und bewusste Genusssucht die Urteilsfähigkeit lähmen – und damit die „Aufklärung" rückläufig wird.

Der Sozialphilosoph Dany-Robert Dufour betrachtet den Markt als einen Nachfolger transzendenter Gottheiten, mit einem ähnlichen (zumindest vorgegaukelten) „Erlösungspotenzial":

Das Paradigma des neoliberal geprägten Kapitalismus ruft in den Menschen Ängste und Sehnsüchte hervor, und zwar nicht nur im öffentlichen Raum, sondern auch in der Privatsphäre der Einzelnen. Es ist vielgestaltig und interagiert mit anderen ökonomischen und politischen Bedingungen und Faktoren.

Die neuseeländische Psychologin Nicola Gavey beschrieb in einem Vortrag in Kapstadt seine verführerischen Grundannahmen und Methoden wie folgt:

1. Die Idee, die trügerische Vision eines „freien Individuums"
2. Deregulierung der Finanzmärkte, der Banken und multinationalen Konzerne
3. Privatisierung bislang öffentlicher Institutionen
4. Schwächung und Entwertung öffentlich-rechtlicher Institutionen und Vorgänge

Bildmontage: Shutter_M (www. shutterstock. com)

Durch den Wandel von „having" a market society zu „being" a market society wird nach Gavey die Würde und Freiheit des Einzelnen in Geiselhaft genommen („hijacked"), und durch das scheinbare Ziel des materiellen Wohlstandes werden viele Bereiche der Gesellschaft dem Profitstreben untergeordnet.

Der „Betrug" (deceit) bestehe darin, dass mit der Vorspiegelung von Autonomie und Freiheit, durch die Verlockungen der Werbung und durch das Angebot von anscheinend grenzenlosen Möglichkeiten und „Optionen" (opportunities) v. a. bei Jugendlichen die Bedingungen für das Finden von eigener Kontur und Identität im individuellen und intimen Leben beeinträchtigt werden. Gavey nennt dies „marketization".

Es werden den Menschen bezüglich Schönheit, richtiger Sexualität, Alkoholgenuss, Kosmetik, Fitness usw. Idealvorstellungen eingeflößt, durch Standards, „Normen", die bewusst oder unbewusst von immer mehr Bürgern akzeptiert werden. Schlimmer noch: Die Einflussnahme erstreckt sich sogar auf den medizinischen Bereich, wenn z. B. die Definition von Gesundheit, von Normwerten wie Blutdruck, Cholesterin usw. weitgehend von Wissenschaftlern definiert werden, die (direkt oder indirekt) unter dem Einfluss der Pharma-Industrie stehen. Es ist ein offenes Geheimnis, dass viele Medikamente eigentlich nicht notwendig sind.

Auch in der Psychologie gilt mittlerweile weitgehend das Ziel der „pursuit of happiness": also Vermeidung von Unangenehmem, Verflachung der Sexualität zu egoistischem Genuss oder Leistung, Partnerwechsel wie Waren-Umtausch, aber auch – als Pendant zur „Wellness" – die körperliche „Fitness": „Get your body fit for the job!" Dabei muss uns das Wort „fit" ja schon hellhörig machen: FIT heißt passend! Damit wird die menschliche Natur dem Neoliberalismus angepasst, während Wähler und Bürger abgelenkt werden, z. B. mit der „Weltreligion Shoppen" .

## 2.2 Die „Eliten"

Dieser anscheinend „göttliche" Markt wird durchaus auch mitgesteuert von Managern, die selbst Rädchen im Getriebe sind. David Tuckett, der viele Banker und Top-Manager anonym interviewt hat, sagt, es handle sich bei ihren unbewussten Entscheidungs-Voraussetzungen oft um Idealisierungen, ambivalente Objektbeziehungen, Machtgier, Liebe und Hass – alles v. a. abgespaltene Gefühle: Typischerweise werde bei einem lockenden Geschäft das Bewusstsein des Risikos ausgeschaltet. Sehr oft werden logisches Denken und Intuition nicht integriert zu einem angemessenen Empfinden für die Außenrealität, sondern gesteuert von unerfüllten Wünschen, (Sehn-)Sucht nach Anerkennung, narzisstischen Bedürfnissen – im Sinne einer Ersatzbefriedigung. Unser Belohnungszentrum im Nucleus accumbens im mesolimbischen System feuert kurz vor dem Gewinn oder einem „Schnäppchen" – so wie uns beim Anblick einer schmackhaften Speise schon das Wasser im Munde zusammenläuft. Hier greifen diese „Einkaufs-Zentren" (Spitzer, 2007) in den Gehirnen der Manager und der Billig-Einkäufer perfekt ineinander!

Die Untersuchungsergebnisse von Tuckett und anderen Beobachtungen legen nahe, dass viele der Superreichen offenbar den Bezug zur realen Lebenswelt weitgehend verloren haben.

Auch weil sich „Derivate", „Futures", CDS-Optionen usw. auf immer höheren Abstraktions-Niveaus bewegen, spüren Spekulanten nicht mehr den Zusammenhang zwischen Geld und realen Werten und greifbaren Gegenständen des Alltags – und sind um so mehr ihrer undifferenzierten Gefühlswelt ausgeliefert. Ob als Milliardäre, Politiker oder Manager bewegen sie sich in Kunstwelten, im „Jetset" – mit ausgefeilter Denkfunktion aber rudimentärer Fühlfunktion, die Prioritäten setzen und spüren könnte, was dem Individuum wirklich gut tut und weiterhilft.

Vermutlich stellt für viele von ihnen der Reichtum eine Kompensation für mangelnde andere Werte dar, wie menschliche Nähe, Zuneigung, Selbstsicherheit, Sinnorientierung, Spiritualität usw. Diese Substanz ist ihnen bei ihrer Jagd nach Reichtum und Statussymbolen entweder verloren gegangen, oder vor allem solche Leute werden superreich, die von vornherein diese Schein-Werte als Ersatz für nicht vorhandene echte Werte erstreben. Sol-

che Schattenseiten des „Fort-Schritts" habe ich ausführlich in meinem Buch (Heinzel, 2008) beschrieben. Die Parallele zu den Ersatzbefriedigungen des schlichten Publikums im Konsum von Genussmitteln aller Art vom Essen über Rauchen und Alkohol bis zur genannten Unterhaltungs-Industrie ist offenkundig.

## 2.3 Soziale, gesundheitliche und ökologische Folgen

Werden wir alle, Arme wie Reiche, also von den gleichen Motivationen bzw. „Trieben" regiert? Die Antwort muss wohl lauten: „Offensichtlich ja!" Allerdings hat das je nach Status des Betreffenden verschiedene Folgen: Ein einfacher Bürger, der mit seinem Geld auskommt, wird sich vielleicht von Medien und Werbung manipulieren lassen und mehr kaufen, als er braucht, er wird vielleicht seine Minderwertigkeitsgefühle durch Status-Symbole aufbessern – und er wird vermutlich Bedürfnisse befriedigen, die er eigentlich ursprünglich gar nicht hatte. Denn der Kapitalismus lebt davon, künstliche und unnatürliche Wünsche zu erzeugen, wenn die natürlichen erfüllt sind.

(Foto aus dem Archiv von Roland Heinzel

Das alles wäre nun für sich vielleicht gar nicht so schlimm, wenn es nicht millionenfach geschähe und nicht bewusst gesteuert wäre, weil nur die ständige Steigerung von Bedürfnissen und Konsum das „Wachstum" erzeugt, das offenbar für fast alle Parteien „alternativlos" ist – trotz seiner gravierenden ökologischen, ökonomischen und sozialen Folgen.

Roland Zieschank vom Berliner Forschungszentrum für Umweltpolitik weist darauf hin, dass dieses Wissen über die Schädlichkeit unseres Wirtschaftens in der Umweltpolitik und -forschung bereits angekommen sei, aber noch nicht in den Wirtschaftswissenschaften selbst, die mehrheitlich noch nach den bisherigen Modellen arbeiten und forschen.

Die Analytische Psychologie C. G. Jungs betont hingegen (wie viele andere Philosophen und Psychologen seit Platon) - den engen Zusammenhang zwischen Glück und Sinnfindung.

### 3. Ich will einfach mehr! Das Ineinandergreifen von „Unten" und „Oben"

Auf der T-Online-Startseite sah man immer wieder mal eine junge Frau, die begehrlich die Hand ausstreckt und sagt: „Ich will einfach mehr!" C. G. Jung sieht Macht und Willen zunächst als eine Auswirkung der Libido wie andere Intentionen, Eros, Hunger usw. – d. h. , diese „Triebe" liegen eng beieinander, wie die Kompensation unerfüllter natürlicher Bedürfnisse durch künstliche! Die pathologische Gier von Investoren und Konzernen und die Gier der Konsumenten greifen perfekt ineinander. Um ihre Macht über die Märkte und das Verbraucherverhalten zu erhalten, bemüht sich deshalb ein großer Teil der wachstumsbesessenen und dem Profit bzw. dem Shareholder-Value verpflichteten Verantwortlichen der Wirtschaft, auch bei gesättigten Märkten die latente Gier in den Konsumenten anzusprechen. Und deshalb braucht die Wirtschaft auch vor allem unzufriedene Menschen. Überspitzt gesagt: Jeder Bürger, der in seinem Leben Sinn erlebt und vielleicht sogar noch erotisch befriedigt ist, schadet unserer Wirtschaft, die damit droht, dass dadurch die Arbeitslosigkeit erhöht wird.

Anstehen für die neue Nintendo-Spielekonsole 2006 in Hamburg (www. wikimedia. org)

Aber soweit ich es überblicke, droht hier keine Gefahr für die Konzerne. Wo sollte auch eine Lobby herkommen, die für weniger Konsum eintritt oder für Besinnung auf zwischenmenschliche Wärme und sinnstiftende Inhalte, die den Konsum von nutzlosem Plunder verringern? Wer darauf hinweist, wird leicht des triebfeindlichen Konservativismus verdächtigt. U. a. durch die „Wende" in der ehemaligen DDR wurde deutlich, dass unsere „westlichen" Werte vor allem darin bestehen, dass man seine wertvolle Lebenszeit wirtschaftsfreundlich damit verbringen soll, Geld zu verdienen und auszugeben, also seinen Selbstwert durch Geld und „Wohlstand" zu definieren – und später rentenfreundlich schnell von der Bühne des Lebens abzutreten!

Eine solche auf allen Ebenen verbreitete egoistische Haltung ist nur mit Hilfe eines massiven Verdrängungsmechanismus möglich, der die Probleme aber nur unvollständig überdeckt. Trotz der hektischen „Flucht nach vorn" sickern sie überall durch in latenten Ängsten, Gewaltbereitschaft von Jugendlichen, Drogen, Sekten, Rechtspopulismus und psychischen Krankheiten.

Man kann sogar vermuten, dass ein unterschwelliger Zusammenhang besteht zwischen dem latenten, uneingestandenen Gefühl der Unsicherheit und Bedrohung einerseits und der fast zwanghaften Jagd nach der Betäubung durch immer neue Produkte, kurzlebige Vergnügungen, „Kicks" und „Events" – die den jungen Leuten starke Gefühle vermitteln, die sie sonst in der saturierten Gesellschaft nicht mehr erleben, die aber als latentes Gewalt-Potenzial aufgrund sozialer Ungerechtigkeiten und emotionaler Vernachlässigung im Unbewussten lauern. Daher die Verlockung zu „großen Gefühlen" in Kino und Fernsehen, und zu Ego-Shooter-Spielen.

## 4. Wie soll es weitergehen?

### 4.1 Polarität und Spaltung

Bekanntlich ist unser Wirklichkeitserleben „polar" organisiert: Positiv-Negativ, Oben-Unten, Weiblich-Männlich usw. Ob im Seelenleben oder in der Gesellschaft: Im Gegensatz zu einer gesunden Polarität gibt es bei einer sich gegenseitig ausschließenden Spaltung der Gegensätzen keine gesunde Wechselwirkung mehr und die Pole driften auseinander, bekämpfen sich gar.

Das Modell der „Enantiodromie", das C. G. Jung in der Analytischen Psychologie verwendet, geht von einer rhythmischen Pendelbewegung zwischen den Polen aus: Immer wenn eine Entwicklung weit genug in eine Richtung gegangen ist, kommt ein langsamer oder abrupter Umschlag in die Gegenrichtung. Kann aber durch eine Spaltung die Gegenkraft nicht mehr wirken, kommt es zu exponentiellen Entwicklungen, die „wider die Natur" sind. Insofern ist unser Wirtschaftsmodell unnatürlich und selbstzerstörerisch („www" = „Wirtschafts-Wachstums-Wahn"). Und aus der Chaosforschung wissen wir, dass ein dynamisches System wie Staat, Firma, Familie oder Psyche sich nur unter bestimmten „Kontrollparametern" selbst regulieren kann. Diese Werte „definieren" (von finis, die Grenze) ein System, indem sie einseitige Entwicklungen, z. B. exponentielles Wachstum, begrenzen. Versagt dieses ausgleichende Prinzip, geht das System zugrunde. Doch was hat die ausufernde Menschheit auf dem Globus für eine Gegenkraft?

Heute stehen wir vor der entscheidenden Frage, ob die schweren Schädigungen und Menetekel (wie z. B. Flutkatastrophen, Abschmelzen des Eises der Pole und Gletscher) uns noch zur Vernunft bringen, sodass wir die Komplexität und die Notwendigkeit zur weltweiten Kooperation erkennen, die unsere „Mutter Erde" zum Erhalt der Biosphäre benötigt. Wenn wir die finanziellen Strukturen, das Reich-Arm-Gefälle ändern wollen, müssen wir nicht nur die wahren Machtverhältnisse durchschauen, sondern auch die Mechanismen erkennen, mit denen wir selbst das System in Gang halten, die Stellen finden, wo wir korrumpierbar sind, und schließlich als Zivilgesellschaft die Politiker damit konfrontieren, wie weit sie schon in Abhängigkeiten von Lobbyisten und Investoren gefangen sind.

Bei TTIP und CETA ist es einer Gruppe von NGOs gelungen, trotz einer ablehnenden Haltung der EU-Kommission 3,5 Millionen Unterschriften zu sammeln – und jetzt, nach zwei Jahren, hat der EuGH dieses zivilgesellschaftliche Engagement legitimiert.

### 4.2 Systemverschränkung

Solche Erfolge können uns ermutigen, Verantwortung fürs Ganze zu tragen und zu verhindern, dass Machtgefälle, Konsum-Verführungen und strukturelle Gewalt durch „Ökonomisierung" sich so etablieren, dass sie nicht mehr zu ändern sind.

Dazu helfen Denkmodelle der Analytischen Psychologie. Ihre Konzepte der Selbstregulation und der „Coniunctio oppositorum" beschreiben ein gesundes, polares dynamisches System: Komplementäre Beschreibungen von Aspekten der Welt sind aus ihrer Sicht nicht

Foto: markheybo (www. flickr. com)
In Primark-Filialen werden Textilien, Schuhe und Accessoires für Damen, Herren und Kinder sowie Artikel für den Wohnbedarf und Kosmetik zu sehr niedrigen Preisen verkauft. Das Unternehmen steht aufgrund seiner besonders niedrigen Preise unter anderem mit Bezug auf die Arbeits-, Lohn- und Produktionsbedingungen in Billiglohnländern, Schadstoffbelastungen in der angebotenen Ware sowie die mangelnde Nachhaltigkeit der angebotenen Textilien international in der Kritik (www. wikipedia. org)

eindimensional kausal aufeinander bezogen, es sind multifaktorielle, zirkuläre Wechselwirkungen, viele auch nicht final.

Die klassische Komplementarität der Systemtheorie besteht zwischen globalen und lokalen Phänomenen. Es ist dabei wesentlich, dass in einem verschränkten System das Ganze die Teile nicht determiniert, sondern ihnen „Freiheit und Potentialität" lässt. In unserem konkreten Fall kann man also weder sagen: „Die Konzerne mit ihrer Werbung sind schuld, da „müssen" die Leute ja konsumieren!", noch: „Wenn die Leute 20 verschiedene Joghurts wollen, müssen wir sie halt produzieren." Jeder Teil trägt seine Verantwortung – wie bei Schule und Elternhaus, Politikern und Bürgern. Komplementarität zwischen Individuum und Gesellschaft heißt: Der „hirnlose" Fisch und seine „Follower" sind gleichberechtigte Mitspieler des Gesamtsystems.

Wir müssen also erkennen, wie die sogenannten „Märkte" uns glauben machen, wir wären auf der selbst bestimmten Suche nach Glück, während die Konsequenzen dieses Zeitgeistes unsere Ressourcen und die Zukunft unserer Kinder auffressen. Wir stehen vor einem scheinbaren Paradoxon: Während das heutige Individuum meint, es habe mehr Entscheidungsfreiheit als alle Menschen zuvor, lässt es sich von den wahren Macht-Eliten, den Multinationalen Konzernen, deregulierten Finanzmärkten usw. manipulieren.

Dazu schreibt der Soziologe Alain Ehrenberg, die Ausbreitung von Depressionen, der steigende Konsum von Antidepressiva und Alkohol seien Reaktionen auf die Illusion einer eigenverantwortlichen „Selbstverwirklichung": Heute sei die Depression die Kehrseite einer kapitalistischen Gesellschaft, die das angeblich „authentische" ICH zum Humankapital und Konsum-Faktor macht und damit völlig überfordert. Damit hat sich eine Verheißung der Modeme, die Befreiung des Menschen aus der Macht alter Zwänge, ins Gegenteil verkehrt.

## 4.3 Ausblick

Deshalb wäre es eine wichtige Aufgabe von uns Tiefenpsychologen, sowohl im Behandlungsraum unseren Patienten bei der „Emanzipation" gegenüber diesen Mächten zu helfen, als auch im Rahmen von bürgergesellschaftlichem Engagement, z. B. in den Medien, die im Hintergrund des gesellschaftlichen Geschehens wirksamen Mächte und Archetypen einer breiten Öffentlichkeit bewusst zu machen.

Denn auch wir haben Macht – nicht nur als Helfer, sondern auch als Bürger, Konsumenten, Wähler und Mitglieder von NGOs, Nicht-Regierungs-Organisationen. Und wir müssen uns unserer Defizite im Bereich von Emotion, Wertvorstellungen und Sinnerleben, sowie familiärem, beruflichem und spirituellem Eingebettetsein bewusst werden.

Schmidbauer (2012) analysiert, wie der Kapitalismus unsere Psyche lähmt, und fordert auf, Gegenkräfte zu entwickeln, Gruppen zu bilden, gemeinsam zu lernen und verschüttete Begabungen freizulegen. So könnten wir tragfähige Flöße bauen und eine von unseren eigenen Irrtümern verwüstete Erde neu beleben. Drei solche Flöße kenne ich aus eigener Erfahrung, in denen auch ein Brückenschlag zwischen Politik und Tiefenpsychologie möglich ist: 1. Die Gesellschaft für Psychohistorie und Politische Psychologie (GPPP), die von dem Jungianer Hans Dieckmann in Berlin mitgegründet wurde, 2. Attac Deutschland und 3. Global Marshall Plan Initiative für eine Ökosoziale Marktwirtschaft, die inzwischen ein Teil der Gesellschaft FÖS ist (Forum Ökosoziale Marktwirtschaft).

Letztendlich hat vielleicht die Idealvorstellung von Hegel, die „Wiederentdeckung der Sittlichkeit", des gemeinsamen Verantwortungsbewusstseins, doch noch eine Chance – auch wenn sicher noch mehr kollektiver und individueller Leidensdruck erforderlich ist. Hierfür hat sich der Begriff Zivilgesellschaft eingebürgert.


**Literatur**

Bastian, T. (2004): Zur Psychologie der Gier, Psychologie heute Heft 8 / 2004

Bastian, T. (2012): Die seelenlose Gesellschaft. Wie unser Ich verloren geht. München

Binswanger, M. (2006): Paradox of Happiness, Vortrag auf einer Konferenz über die Symbolik und Psychologie des Geldes. Obereschach

Ehrenberg, A. (2008): Das erschöpfte Selbst. Frankfurt

Evers, T. (1987): Mythos und Emanzipation, Hamburg

Freud, S. (1974): Massenpsychologie und Ich-Analyse. Studienausgabe Bd. IX. Frankfurt

Friedman, M. (1992): Geld regiert die Welt. Düsseldorf

Gavey N. (2012): The intimate intrusions of the neoliberal deceit. Vortrag auf dem Welt-Psychologen-Kongress ICP in Kapstadt 25.7.2012

Heinzel, R. (2008): Die Wiederentdeckung der Zuversicht. München

Lietaer, B. (2000): Mysterium Geld. Emotionale Bedeutung eines Tabus. Mönchengladbach

Röder, S. (2005): Grundlinien der Philosophie des Rechts: Eine Zusammenfassung der Grundgedanken Hegels. Norderstedt

Schmidbauer, W. (2012): Das Floß der Medusa Hamburg

Spitzer, M. (2007): Einkaufs-Zentren. Zeitschr. f. Nervenheilkunde 4/2007

Stiglitz, J. (2004): Die Schatten der Globalisierung. München 2008

Tuckett, D. (2011): Minding the Markets. Vortrag bei der DGPT-Jahrestagung 2011

Zieschank, R. , Diefenbacher, H. (2012): Der Nationale Wohlfahrtsindex als Beitrag zur Diskussion um eine nachhaltige Ökonomie. In: Th. Sauer (Hrsg.): Ökonomie der Nachhaltigkeit. Marburg

Zinn, K. G. (2003): Wie Reichtum Armut schafft. Köln.

**Roland Heinzel**
Kurz vor Fertigstellung dieser Ausgabe des Jung-Journals verstarb Dr. Roland Heinzel. Er war Facharzt f. Neurologie, Psychiatrie und Psychosomatische Medizin, Psychoanalytiker, Gruppentherapeut, Bioenergetiker und Supervisior. Siehe Nachruf S. 89.

# „Kaffeekantate" J. S. Bach 1734
## (BMV 211)

### Vater

*Du böses Kind, du loses Mädchen,*
*Ach! Wenn erlang ich meinen Zweck:*
*Tu mir den Kaffee weg!*

### Tochter

*Herr Vater, seid doch nicht so scharf!*
*Wenn ich des Tages nicht dreimal*
*Mein Schälchen Kaffee trinken darf,*
*So werd ich ja zu meiner Qual*
*Wie ein verdorrtes Ziegenbrätchen.*

*Ei, wie schmeckt der Kaffee süße,*
*Lieblicher als tausend Küsse,*
*Milder als Muskatenwein.*
*Kaffee, Kaffee muss ich haben,*
*Und wenn jemand mich will laben,*
*Ach, so schenkt mir Kaffee ein!*

### Vater

*Wohlan! So musst du dich bequemen,*
*Auch niemals einen Mann zu nehmen.*

### Tochter

*Ach ja! Herr Vater, einen Mann!*

### Vater

*Ich schwöre, das es nicht geschieht.*

### Tochter

*Bis ich den Kaffee lassen kann?*
*Nun! Kaffee, bleib nur immer liegen!*
*Herr Vater, hört, ich trinke keinen nicht.*

### Vater

*So sollst du endlich einen kriegen!*

### Erzähler

*Nun geht und sucht der alte Schlendrian,*
*Wie er vor seine Tochter Lieschen*
*Bald einen Mann verschaffen kann;*
*Doch, Lieschen streuet heimlich aus:*
*Kein Freier komm mir in das Haus,*
*Er hab es mir denn selbst versprochen*
*Und rück es auch der Ehestiftung ein,*
*Dass mir erlaubet möge sein,*
*Den Kaffee, wenn ich will, zu kochen.*

### Chor

*Die Katze lässt das Mausen nicht,*
*Die Jungfern bleiben Kaffeeschwestern.*
*Die Mutter liebt den Kaffeebrauch,*
*Die Großmama trank solchen auch,*
*Wer will nun auf die Töchter lästern!*

Foto: bilder.4ever.eu 219187

# „Kaffee? Tee?" – eine entscheidende Frage im Kontakt mit Flüchtlingsfamilien

Stefanie Nahler

Das Foto zeigt eine gemalte Obstschale mit Früchten aus dem Heimatland, die eine syrische Jugendliche im Offenen Atelier gemalt hat. Es schmückt jetzt neben einem dekorativen Teller das Familienzimmer in der Unterkunft.
(Foto aus dem Archiv von Stefanie Nahler)

„Kaffee? Tee?", – diese entscheidende Frage begegnet meiner Kollegin Jomana Mamari und mir bei fast jedem Familienbesuch innerhalb unserer Arbeit in einer Flüchtlings-Gemeinschaftsunterkunft. Klopfen wir an die Türen der Familienzimmer und stellen uns – zwischen Tür und Angel – vor, sind wir nicht mehr nur Psychologin und Therapeutin. Wir sind zuallererst „die Fremden", die, wenn es gut läuft, bei unserem Anklopfen in der nächsten Woche zum freudig erwarteten „Besuch" werden. Meist werden wir freundlich hereingebeten. Uns werden Getränke und sogar Speisen angeboten, durch welche wir sofort in den Familienalltag involviert werden. Die Situation im Zimmer ermöglicht uns einen Einblick in die Gesamtsituation der Familie. So ließ das Angebot eines Familienvaters, der Zigaretten oder eine Flasche Bier zur Auswahl stellte, Rückschlüsse auf dessen Bedarf an beruhigenden Suchtmitteln zu. Dies spiegelte unmittelbar die äußerst angespannte Gesamtsituation einer von der Rückführung bedrohten Familie wider.

Insbesondere Menschen aus dem arabischen Kulturkreis und aus dem weiteren Nahen Osten legen großen Wert auf Gastfreundschaft und Bewirtung. So wird uns beim Eintreten zugleich ein Glas Wasser oder Saft eingeschenkt. Manchmal werden dazu Knabbereien oder Fladenbrot gereicht - und dies, obwohl offensichtlich ist, dass die Familien mit Lebensmitteln äußerst sparsam umgehen müssen.

Meine Kollegin Jomana Mamari, Psychologin aus Syrien, machte mir von Beginn an klar: Ablehnen eines Getränks im Erstkontakt wäre äußerst unhöflich. Ja, noch mehr – dies wäre eine Zurückweisung des Beziehungsangebots der Familie, das mit dem Nahrungsangebot an uns unmittelbar verbunden ist. Der Zugang zur Familie wäre zugleich verschlossen.

„Wenn wir zusammen sitzen und essen, heißt das, dass wir eine gute Beziehung miteinander haben", so Mamari. Üblich ist, dass uns auch ungefragt Kaffee gekocht wird. Es ist das Zeichen dafür, dass wir herzlich willkommen sind. Stehen die dampfenden Tassen oder gefüllten Gläser vor uns – die Familie selbst nimmt meist nichts zu sich – kann das Gespräch beginnen.

Ich als die „Deutsche" in unserem Zweierteam thematisiere, dass ich die uns entgegengebrachte Großzügigkeit bemerke. Die tief verwurzelte Gastfreundschaft hat vermutlich ihren Ursprung in der existenziellen Angewiesenheit des Reisenden bzw. des Nomaden auf Herberge inmitten der lebensfeindlichen südöstlichen Wüstengegenden. Zahlreiche arabische Legenden kreisen um den hohen Wert der Freigiebigkeit gegenüber dem Gast, insbesondere gegenüber dem fremden Gast.

Laut Mamari gilt Hatim al-Tai, ein arabischer Schriftsteller des 6. Jahrhunderts, bis heute als Vorbild. Dieser habe sogar sein eigenes Pferd, seinen wertvollsten Besitz, für seine Gäste geschlachtet. Noch heute beziehe man sich auf dessen Taten und sage zu einem freigiebigen Menschen: „Du bist wie Hatim al-Tai."

Zudem gebe es ein arabisch-muslimisches Gastrecht, das unter anderem besage, dass der Fremde drei Tage lang mit Nahrung und Unterkunft versorgt werden müsse, sodass dieser sich ganz ausruhen kann. Erst danach sei es gestattet, dem fremden Gast Fragen zu stellen, etwa nach seiner Herkunft. Im arabischen Kulturraum hat sich Essen so bis heute

auch in seiner Funktion als Beziehung und Frieden stiftende Gruppenaktivität erhalten. Wer zusammen isst, verpflichtet sich, auch in anderen Lebensbereichen zusammenzuhalten. Wer sich dennoch daneben benehme, dem werde das, so Mamari, besonders verübelt. Man empöre sich dann: „Wir haben doch zusammen gegessen!".

Mit der Bewirtung bzw. dem gemeinsamen Essen einher geht so implizit auch die Erwartung, dass sich der Eingeladene zu einem anderen Zeitpunkt erkenntlich zeigen wird. Hier spätestens zeigt sich die Notwendigkeit für uns Therapeutinnen, unsere Reaktionen auf Essens-Einladungen sensibel abzuwägen. Umgang mit Abstinenz muss bei uns im Team immer wieder neu überdacht werden. Einerseits aufgrund der besonderen Form unserer Arbeit – aufsuchende Hausbesuche – und andererseits aufgrund der unterschiedlichen kulturellen Hintergründe der Klienten.

So ist es neben der Zustimmung zu Tee oder Kaffee genauso wichtig, unsere Karten offen auf den Tisch zu legen und Erwartungen einzudämmen. Gerade wegen der Tatsache, dass wir bewirtet werden, dürfen wir nicht falsche Hoffnungen wecken. Ansonsten würden Enttäuschung und Ärger über uns in der Unterkunft schnell die Runde machen.

Die materiell-räumliche Not ist für die Bewohner der Gemeinschafts-Unterkunft, d. h. zu einem recht frühen Zeitpunkt nach der Flucht, drängend. Das Bedürfnis, das an uns gerichtet wird, ist somit der Wunsch nach konkreter Versorgung elementarer Bedürfnisse: sicherer Aufenthalt, eigene vier Wände, Schul- und Kindergartenplatz für die Kinder. Es erscheint uns daher wesentlich, die Begrenztheit unserer konkreten Hilfsmöglichkeiten aufzuzeigen. Im Zuhören und Anerkennen der Sorgen und Ängste sowie in unserem Angebot, zwischen Bewohnern und Sozialarbeitern zu vermitteln, entsteht dennoch Vertrauen.

Die meisten Familien wünschten sich bisher, dass wir sie weiterhin besuchen bzw. dass sie anschließend einen Platz an der Beratungsstelle bekommen. Dort kann für Kinder und Jugendliche eine Einzel- oder Gruppentherapie stattfinden sowie Eltern-/Erziehungsberatung erfolgen. Kommen Kinder oder Jugendliche schließlich längerfristig in eine Therapie an die Beratungsstelle, wird Dank mit Essen ausgedrückt; etwa im Mitbringen von süßen Baklava.

Immer wieder bekommen wir auch dann Essenseinladungen, welche den Wunsch nach Ausgleich für unsere Mühe ausdrücken. Hier gilt es für uns abzuwägen: Wäre es sinnvoll, der Einladung nachzukommen im Sinne der aufsuchenden Arbeit? Welche impliziten Erwartungen wären daran angeknüpft? Kann eine ausreichende innere Distanz dabei aufrecht erhalten werden? In der Regel entscheiden wir uns dagegen, in laufenden Therapien an der Beratungsstelle Einladungen anzunehmen. Es ist zu diesem Zeitpunkt bereits ein Arbeitsbündnis entstanden und eine Absage, die gut begründet und wertschätzend mitgeteilt wird, führt aus unserer Erfahrung nicht zum Abbruch der Therapie. Die Erklärung, dass in Deutschland Essen und Beratung getrennt werden, können die Familien nicht unbedingt nachvollziehen, aber akzeptieren.

Besonders für Mamari, Landsfrau ihrer Patienten, hilft es, wenn sie sich in ihrer Begründung gegen eine Essenseinladung auf die „deutschen" Regeln und Gesetze berufen kann, die an der Beratungsstelle gelten. Diese Regeln beruhen auf dem Bedürfnis nach Trennung, z. B. der Trennung von Privatem und Beruflichem.

Auch in Deutschland ist die Freude am gemeinsamen Essen im Familien-, Freundes- und Kollegenkreis fester Bestandteil der Gesellschaft. Gastfreundschaft und -mahl ist ein transkultureller Wert im menschlichen Zusammenleben. Dennoch ist es, zumindest für die jüngere Generation, inzwischen in Deutschland Alltag, Besuche „unkomplizierter" zu gestalten. Essen wird dabei ent-ritualisiert. Die Beziehungsebene und der Bereich der Nahrungsaufnahme werden mehr und mehr voneinander getrennt.

Vielleicht gibt es aufgrund der in westlichen Ländern im kollektiven Schatten liegenden, also aus dem Bewusstsein verdrängten, Ebene der Gruppenzugehörigkeit- bzw. Identität mehr Angst vor möglichen Grenzüberschreitungen beim Essen: Der Geruch der Speise hüllt alle Essenden ein, man redet förmlich von „Bauch zu Bauch". Das gemeinsame Essen mit dem Patienten kann der deutschen Psychotherapeutin so schnell „zu nahe" gehen. Ganz grundsätzlich erscheint Essen selbst als ein Akt der Vereinigung von Nahrung (Umwelt) mit dem eigenen Körper-Selbst – zuallererst erfahren in der Urbeziehung zwischen Säugling und der Elternperson, die Hunger und andere bio-psychische Unlustregungen stillt.

Neumann beschreibt die elementare Bedeutung des Genährtwerdens für den Säugling als Konstellation des „Nahrungs-Uroboros" (Neumann, 1963, S. 32). Für den Säugling, so Neumann, drückt sich die Gesamtheit der menschlichen Erfahrung auf der Stufe des Nahrungstriebes und in der Nahrungssymbolik des Lebens aus. Die „orale Phase" meint somit in der Analytischen Psychologie eine elementare Form der Welt-Auffassung und der Welt-Einverleibung. Nahrung und Essen *ist hier Symbol des Austausches mit der Welt überhaupt* (Neumann, 1963, S. 31).

So beinhaltet Essen von Beginn an den Beziehungsaspekt, in welchem sich die Pole „Miteinandersein" wie „Bei-sich-selbst-Sein" wechselseitig herausbilden können. In der arabischen Kultur erscheint gerade das Miteinandersein beim Essen eine hohe Priorität zu besitzen. Zusätzlich ist die biografische Komponente der Fluchtsituation nicht unwesentlich im Verständnis der hohen Bedeutsamkeit von Essen für Flüchtlinge.

Auf der Flucht – und oft auch schon in der Heimat – kommt es für die meisten Menschen zu traumatischen Erfahrungen. Basale Grundbedürfnisse werden nicht mehr erfüllt. Kinder und Jugendliche berichten in den Therapien von tagelangem Hungern und Dursten auf dem Fluchtweg bei zugleich anstrengendem Fußmarsch. Um die Menschen ruhigzustellen, wird ihnen auf dem Weg durch die Sahara manchmal ein hochgefährliches Benzingemisch ins Trinkwasser gemischt. Existenzieller Durst, aber auch Trinken, wird dann mit Le-

Mir – Menschen in Ravensburg. Gemeinsam miteinander essen, miteinander reden und sich dadurch besser kennenlernen – das Projekt, bei dem Geflüchtete und Deutsche gemeinsam gekocht und gegessen haben, wurde zum vollen Erfolg. (http://d-werk. com/presse/)

bensgefahr assoziiert. In Zwischenstationen, wie z. B. in Libyen, kommt es zu unmenschlichen Lebensbedingungen in Lagern, Verstecken – welche teils erst verlassen werden dürfen, wenn die Familie ein Lösegeld entrichtet – und Gefängnissen.

Die Essensrationen sind klein – eine Jugendliche zeigte in etwa die Größe ihrer Hand, um zu beschreiben, wie klein das tägliche Stück Brot gewesen sei. Sanitäre Anlagen fehlen: „Du musst nicht aufs Klo, es gibt ja nichts zu essen", sagte sie dazu. Dennoch wird klar, dass in den Fluchtunterkünften und -booten menschliche Ausscheidungen allgegenwärtig sind. Auf dem Fluchtweg über das Meer, so erzählte ein Junge, hatten die Menschen so starken Durst, dass sie Meerwasser tranken.

In Deutschland angekommen, können Hunger und Durst wieder gestillt werden. Trotz der erschwerten Umstände in der Gemeinschaftsunterkunft ist es berührend, mit welcher Liebe zum dekorativen Detail dort Mahlzeiten zubereitet werden.

Essen ist eine frühe Form leib-seelisch-geistigen Auf- und Annehmens. Auf archetypischer Ebene evoziert das festliche gemeinsame Essen mit einer Vielfalt an Speisen die Erfahrung einer Rück-Bindung mit dem „guten" Pol der Großen Mutter als positiv-nährender, versorgender Welt. Dieses aktive Rückbinden an ein Erlebnis der Fülle im Essen kann als heilsamer Versuch verstanden werden, dem Einbruch des „furchtbaren" Pols der Umwelt-Mutter im Krieg und auf der Flucht etwas entgegenzusetzen.

Die Sorge um und die Freude an der Schönheit, das heißt, an der Vollkommenheit, des Gerichts – bei dem auch das Auge mit-isst – kann vielleicht als ein natürliches Potenzial gesehen werden, dem traumareaktiven psychischen Erleben von Destruktion und Dissoziation auf alltägliche Art ein Stück weit entgegenzuwirken.

Das Essen in der Gruppe, etwa in der Familie oder mit anderen Landsleuten, stärkt zusätzlich das Geborgenheitsgefühl. In der Verbindung der beiden Grundelemente Nahrungsaufnahme und Gruppengeborgenheit wird das, im positiven Sinne regressive Grunderleben eines sicheren Enthalten- und Genährtseins evoziert.

Dies erscheint bedeutsam, da auch das Ankommen im neuen Land ständige Anstrengung für das Ich bedeutet, das sich mit der neuen Umgebung aktiv auseinander setzen muss (neue Sprache, Regeln, Bürokratie). Die Essens-Gruppe hat dabei mütterlich-schützende Funktion.

Daneben ist das Zubereiten und Einverleiben von vertrauten Speisen eine gute Möglichkeit, einige „Bissen" der verlorenen und vermissten Heimat zu sich zu nehmen und den Trennungsschmerz beim Essen zu lindern. Nicht nur im gemeinsamen Essen, auch im religiösen Fasten kann die Verbindung zur Tradition der Heimat weiter bestehen. Die Nahrungsgebote und Rezepte sind Teil der heimatlichen Kultur und können im neuen Land schließlich auch als Kultur-Mittler dienen.

Interkulturelle Kontakte über kulinarische Genüsse haben in Deutschland Tradition (Pizza, Kebab, Curry). Über das Entdecken, Schmecken, Ausprobieren, Aufnehmen und Verdauen exotischer Speisen kommt es manchmal auch emotional und geistig zu Öffnungen und Verbindungen hin zum zunächst Fremden. So haben viele Deutsche ihren „Stamm-Italiener" oder „Lieblings-Inder".

In vielen Städten gibt es aktuell Initiativen, in denen Flüchtlinge und Einheimische zusammen kochen und sich damit gegenseitig bereichern. Austausch geschieht hierbei auf vielerlei Ebenen. Mit den dabei entstehenden Kochbüchern mit internationalen Rezepten kommt die Welt in die deutschen Küchen – und vielleicht über den Magen bis in die Köpfe der Köche, denn die Symbolik des Nahrungs-Uroboros *reicht sprachlich bis in die höchsten Stufen des Geistigen* (Neumann, 1963, S. 40).

**Literatur**
*Neumann, E. (1963):* Das Kind. Struktur und Dynamik der werdenden Persönlichkeit. Zürich
Buchtipp: Wer Hunger bekommen hat: Mir – Menschen in Ravensburg – essen, reden, verstehen. Integratives Kochprojekt Ravensburg vom AK Asyl Ravensburg-Weingarten. Rezepte u. a. aus Syrien und Afghanistan. D-Werk, 2016. € 20.

**Stefanie Nahler**
Analytische Kinder- und Jugendlichenpsychotherapeutin
Dipl. -Kunsttherapeutin (FH).

*Einem Gast gegenüber gewalttätig zu werden, gilt als Frevel; wer aus irgendeinem Grund zu ihnen (den Germanen) kommt, den schützen sie vor Unrecht und behandeln ihn wie einen Unverletzlichen; ihm stehen die Häuser aller offen, und er hat Teil an ihrem Leben.*

**Gaius Iulius Caesar
über die Germanen**

# ESSEN – ein gesellschaftliches Thema

## Solidarität in der Praxis

Margarete Leibig

Leonhardskirche Stuttgart (www. wiki-media. org)

**Die Vesperkirchen**

Essen ist selbstverständlich für Menschen, die genügend Einkommen haben. Für Geringverdiener, Arbeitslose, Hartz-IV-Empfänger oder Obdachlose sieht das ganz anders aus.

Um der Armut und Not von Menschen ohne "ein Dach über dem Kopf" vor allem in den Wintermonaten zu begegnen, wurde 1995 in der Stuttgarter Leonhardskirche zum ersten Mal die Vesperkirche eingerichtet. Anfangs kamen ca. 60 Menschen täglich, inzwischen sind es über 1000 Menschen täglich. Und das Projekt ist inzwischen in vielen Städten eine feste Einrichtung geworden, die über ca. drei bis vier Wochen im Januar/Februar ihre Türen öff-

net. Das Prinzip ist, Menschen, die mehr Geld haben, bezahlen das Mittagessen und andere werfen eine Spende in ein Gefäß auf dem Tisch. In Tübingen sind in diesen Wochen der Vesperkirche an bestimmten Tagen auch ein Arzt im Haus, ein Friseur, Fußpflege, ein Gesprächskreis findet statt. Auch sind Sozialarbeiter da, die Fragen beantworten können, sodass Menschen, bei denen die Hemmschwelle groß ist, sich Hilfe zu holen, oder die gar nicht krankenversichert sind, sich unterstützen lassen können. In Tübingen findet in diesem Rahmen auch ein Konzert statt, das begeistert angenommen wird, weil Menschen mit wenig Geld sich meist auch keine Kultur leisten können.

Inzwischen sind die Vesperkirchen, die von Ehrenamtlichen durchgeführt werden, ein Treffpunkt von Arm und Betucht geworden und Berührungsängste werden abgebaut. Respektvollen Umgang zu erleben, solidarisch miteinander zu essen, am sozialen Leben teilhaben, darum geht es den Menschen, die die Vesperkirchen tragen und durchführen. Sie sind überall auf finanzielle Unterstützung, sprich Spenden, angewiesen. Firmen und viele andere Spender helfen mit, dass diese Projekte jedes Jahr wieder stattfinden können.

**Foodsharing – Fairteiler**

Foodsharing (Essen teilen) ist eine noch junge Bewegung in Deutschland, die sich über die Internetseite www. foodsharing. de organisiert.

So gibt es z. B. ein Projekt in Dortmund in einem Laden, der heißt „All you can miet". Hier steht ein Kühlschrank, und Menschen, die Nahrungsmittel übrig haben, können diese dort in den Kühlschrank stellen und sich auch welche mitnehmen. Der Sinn ist, Nahrungsmittel nicht in den Müll zu werfen, wenn zu viel eingekauft wurde, oder z. B. vor dem Urlaub nicht alles wegzuwerfen, was noch im Kühlschrank ist, sondern weiterzugeben an Menschen, die sie brauchen. http://www. aycm. de/foodsharing-fairteiler-dortmund

Inzwischen ist das Foodsharing. de Netzwerk gewachsen und es gibt eine ganze Reihe an öffentlichen Kühlschränken mit kostenlosen Lebensmitteln in Deutschland. Aus den sog. „Fair-Teiler"-Kühlschränken kann jeder Lebensmittel rausnehmen oder hineinlegen, um die allgemeine Lebensmittelverschwendung zu reduzieren.

## EatWith-Projekte

Dieses Projekt kommt aus Tel Aviv und ist inzwischen auch in Europa zu finden. Es ist eine Dinner-Community, die über ein Start-up die Initiative gründete. Die Idee ist, über gemeinsames Essen können Reisende mit Einheimischen am schnellsten Kontakte knüpfen. Es kann über das Essen ein Einblick in die Kultur des Landes und den Alltag der Menschen entstehen. Es ist üblich, sich anzumelden, und das Essen kostet etwa, wie im Restaurant auch. Man findet die Projekte unter www. eatwith. com.

## Tablesurfer-Community

In München treffen sich Studenten über Tablesurfer-Community. Keiner muss zahlen, dafür ist jeder in der zusammengewürfelten Runde einmal Gastgeber und bekocht die anderen. www. tablesurfer. de

Foto: EatWith. com (www. flickr. com)

## Social Dining

Auch Restaurants erkennen den Trend des „Social Dining", indem sie z. B. große Tische aufstellen, an denen Fremde ins Gespräch kommen. In Frankfurt gibt es das Konzept der „Freitagsküche". Für bestimmte Freitage wird angekündigt, wer kocht und was es gibt. Der Einlass erfolgt für alle Gäste gleichzeitig. Bei Musik und gutem Essen lassen sich die Tischnachbarn einfach am besten kennenlernen.

**Margarete Leibig**
Analytische Kinder- und Jugendlichenpsychotherapeutin, Traumatherapeutin, Paartherapeutin, niedergelassen in eigener Praxis in Ammerbuch, Dozentin und Supervisorin am C. G. Jung-Institut Stuttgart, langjähriges Vorstandsmitglied der Deutschen Gesellschaft für Analytische Psychologie, Vorstandsmitglied der Internationalen Gesellschaft für Tiefenpsychologie (IGT).

# „Chocolat"–eine himmlische Verführung

## Ein Film von Lasse Hallström (2000)

Dieter Volk

Kleinstadt- und Dorfidyllen sind für Filmemacher immer wieder ein faszinierendes Szenario. Man denke an Filme wie *Lang lebe Ned Divine* oder *Butcher Boy*. Meist wird eine Vielzahl von schrulligen Typen gezeigt, die problemlos eine Fülle von interessanten Geschichten ergeben. Der Blick auf das Dorf ist häufig romantisierend, negative Seiten des Provinzlebens werden ausgeblendet. Ähnlich und doch anders zeigt sich *Chocolat*, ein Film des Regisseurs Lasse Hallström (*Gottes Werk und Teufels Beitrag*) aus dem Jahr 2000.

### Es war einmal. . .

*Es war einmal ein kleiner, stiller Ort mitten auf dem Lande in Frankreich. Die Menschen dort glaubten an Tranquilité, an Ruhe. Jeder, der an diesem Ort lebte, wusste, was von ihm erwartet wurde, jeder wusste, was er zu tun und zu lassen hatte. Und vergaß man es einmal, gab es stets jemanden, der ihn daran erinnerte. Wenn man etwas sah, was man nicht sehen sollte, so lernte man weg zu sehen. Und wurden Hoffnungen einmal enttäuscht, lernte man, sich niemals zu beklagen. In guten wie in schlechten Zeiten, in mageren und fetten Jahren hielt sich die Gemeinschaft streng an ihre Gewohnheiten. Bis eines Wintertages ein eisiger Wind aus dem Norden wehte. . .*

Einführende Sätze aus dem Off–ganz im Stil eines Märchens, dazu die ersten Bilder, die diese Worte unterstreichend begleiten: Ein Schwenk über die Dächer des Städtchens, der Blick schweift hin zur Kirche, es ist Sonntagmorgen, die Menschen gehen wie gewohnt zur Messe, wo sie von einem gravitätischen

Herrn mit würdevoll-wichtiger Miene begrüßt werden. Der Blick geht zum Gottesdienst und einige der späteren Protagonisten werden „vorgestellt": Inbrünstig singende Frauen, dösende Männer, ein heimlich kritzelnder Knabe: Bilder, gemalt mit einem Augenzwinkern, wie so manches in der nachfolgenden Geschichte - fast eine Idylle.

Wenn da nicht das Wetter wäre. Denn das ist alles andere als idyllisch. Ein eisiger Wind aus dem Norden tobt durch die Gassen, so heftig, dass er die Kirchentür mit Gewalt aufdrückt. Zwar eilt der bereits bekannte Herr herbei, um sie hurtig zu schließen, dennoch erschauern die Gottesdienstbesucher, als ob sie ahnten, dass da keine sanfte Brise bläst, sondern der Sturm die behäbige Idylle aufwirbeln wird.

## Eine geheimnisvolle Fremde

Und mit dem stürmischen Nordwind wird die geheimnisvolle Vianne Rocher (Juliette Binoche) mit ihrer kleinen Tochter Anouk (Victoir Thivisol) in das französische Städtchen Lansquenet-sous-Tannet geweht. In ihren roten Capes leuchten sie wie die Verheißung von Sünde und Verführung. Die beiden mieten von Armand Voizin (Judi Dench), einer einsamen, verbitterten, scharfzüngigen Witwe eine leer stehende Bäckerei, und das direkt gegenüber der Kirche. Damit ist die Ausgangsposition geklärt, scheinen mögliche Fronten aufgezeigt. Ganz Lansquenet und mit ihnen der Zuschauer rätselt über die Pläne der Neuankömmlinge.

Als Vianne ihren Laden am Valentinstag eröffnet, entpuppt er sich als bezaubernde Chocolaterie, exotisch dekoriert, gefüllt mit verlockenden Köstlichkeiten - himmlische Verführung und skandalöse Versuchung zugleich. Und dies ausgerechnet mitten in der Fastenzeit. Die Bewohner sind geschockt. Vor allem aber beschwört Vianne den Zorn jenes würdevollen Herrn herauf, des Comte de Reynaud, streng gläubiger Bürgermeister des Städtchens und selbst ernannter Wächter über Sitte und Anstand.

## Der geheime Treffpunkt des Ortes

Dennoch trauen sich die ersten Kunden in den Laden, zwar voller Argwohn, aber auch äußerst neugierig. Schon bald wird Viannes Geschäft der geheime Treffpunkt des Ortes, in den jeder seine Hoffnungen und Träume trägt. Nicht nur der süße Reiz des Neuen, die unwiderstehlichen Köstlichkeiten voll geheimnisvoller Ingredienzien, auch Viannes Charme, ihr magisches Gespür für die verborgenen Wünsche ziehen die Menschen an. Nach und nach lernt Vianne die wohlanständigen Bewohner kennen als Menschen, die vielerlei Sorgen und Nöte mit sich herumschleppen, aber auch Sehnsüchte in sich bergen.

Da ist Armande, allein lebend, verbittert, mit abgebrochenem Kontakt zu ihrer Tochter und ihrem Enkel. Da ist ihr Enkel Luc, kränklich, an seine überängstliche Mutter Caroline gefesselt. Da ist das Ehepaar, deren Liebe in langen Jahren erloschen ist, einander entfremdet, freudlos und brummig nebeneinander her lebend. Da ist Josephine Musquat (von Lena Olin eindrücklich gespielt), eine krankhafte Diebin, von den Mitbürgern für verrückt gehalten, vom trinkenden Mann gedemütigt und geprügelt. Da ist Guillaume, ein einsamer Alter, der sich in seiner unerwiderten Liebe zu einer Witwe verzehrt.

Eindrücklich ist zu verfolgen, wie die Menschen angesichts von Viannes Offenheit, ihrer Freundlichkeit, ihre Geschichte ausbreiten, wie die Figuren zum Leben erweckt werden. So entsteht nicht nur eine bissige Satire über das Leben der Menschen in einer (französischen) Kleinstadt, gezwängt in rigide religiöse und kollektive Normen und von lokalen weltlichen und kirchlichen Würdenträgern beherrscht, sondern ein Film über Konflikte der

Menschen, über Liebe und Trauer, über ihre Enttäuschungen und Hoffnungen.

Von den meisten Kritiken werden diese Aspekte ins Zentrum ihrer Betrachtung gestellt. Sie betonen den Reiz der Geschichte, die von vielen amüsanten, tragischen oder romantisch angelegten Nebencharakteren lebt. Sie sehen den Film als eine spezielle Mixtur aus Witz und Weisheit, Liebe und Leidenschaft, Bigotterie und Toleranz, im ewigen Kampf zwischen Fortschritt und Tradition,

Klar, dass sie auf Juliette Binoche in der Rolle der Vianne focusieren. Zurecht! Denn durch sie wird diese Figur großartig verkörpert (und von der Kamera wunderbar ins Bild gerückt). Wenn sie den Kunden ein Praliné entgegenstreckt und lacht, dann zaubert sie eine umwerfende Magie auf die Leinwand, die alles um sie verwandelt. Nicht verwunderlich, dass sie eine Atmosphäre schafft, in der sich den Kunden zusehends Spielräume und Entwicklungsmöglichkeiten ergeben.

Meist unbeachtet bleibt jedoch, dass Viannes Zauber aus einem Auftrag kommt, der ihr Leben bestimmt, dass sie mit Anouk mit dem Nordwind her geweht wurde. Von Stationen ihres Lebens in Andalusien, in Pavia und Wien wird berichtet - Getriebene, heimatlos? Was treibt sie?

**Die Speise der Götter**

Schokolade sei die „Speise der Götter" sagen die Mythen, die sich darum ranken. Schon immer hat es geheißen, Schokolade könne Emotionen hervorbringen und verstärken, setze Fantasien frei, sei aphrodisierend, mache glücklich.

Auch Viannes magische Pralinés scheinen derart zu wirken: beim einen wie ein Mittel zur Steigerung seiner Lust, dem anderen verhelfen sie zu mehr Liebenswürdigkeit, der nächste schöpft neuen Mut. Es wird berichtet, auch Juliette Binoche sei ihrerseits von der Rolle als Schokoladenmagierin derart verzaubert gewesen, dass sie zur Vorbereitung auf diese die berühmtesten Schokoladenmanufakturen besucht habe, wo sie versuchte, die Kunst der

Herstellung von Pralinés zu studieren und sich überdies in die Werke der Mayas vertiefte.

Schon diese sahen in der Kakaobohne ein „Geschenk des Himmels". Sie schrieben ihr magische Kräfte zu und verwendeten sie, um aus ihr und zugesetzten Gewürzen ein Getränk herzustellen, das bei Ritualen, bei Zeremonien und als Medizin eingesetzt wurde. Später erweiterten die Azteken das Rezept, indem sie es mit Vanille und Honig süßten. Sie nannten das Getränk xocoatl.

**Eine Spur führt zurück**

So führt eine Spur zurück zu den Mayas, denn diese spielen in der Lebensgeschichte Viannes eine zentrale Rolle. Den Schleier des Geheimnisses lüftet Anouks Lieblingsgeschichte von *Grandmère und Grandpère*, die Vianne ihr immer wieder erzählen muss:

Der Großvater war Apotheker, jung, beliebt, wohlhabend, aber er war nicht zufrieden. Das Leben musste mehr zu bieten haben. Deshalb ergriff er die Gelegenheit, an einer Forschungsreise nach Mittelamerika teilzunehmen, welche die Wirkung von Naturheilmitteln erforschen wollte. Doch das Abenteuer nahm eine unerwartete Wendung. Eines abends bekam er einen Kakao mit einer Prise Chili, das gleiche Getränk, das die Mayas bei ihren heiligen Zeremonien tranken. Die Mayas glaubten, Kakao hätte die Macht, verborgene Sehnsüchte frei zu setzen und Schicksale zu offenbaren. Und so kam es, dass Großvater Chitza bemerkte. Sie war eine Nomadin, ihre Familie zog mit dem Nordwind von Ort zu Ort, verteilte die alten Heilmittel und wurde nirgends sesshaft. Zunächst war es eine große Freude. Großvater ging mit Chitza nach Frankreich zurück, und sie waren sehr glücklich, Doch der listige Nordwind hatte andere Pläne. Denn ei-

nes Tages war die Mutter mit ihrer Tochter Vianne fortgegangen. . .

Damit wird deutlich, dass das unstete Leben ihrer Nomaden-Mutter für Vianne zur inneren Verpflichtung wurde, dass sie einem Mythos transgenerationell freudig Folge leistet. Auch sie muss immer wieder aufbrechen und mit dem Nordwind weiterziehen, von einem Ort zum anderen - mit jenem Wind, von dem es hieß, er komme aus dem Reich der Toten und überbringe die Botschaft der Ahnen. Vianne hat diesem Auftrag zu entsprechen, hat die Aufgabe, die geheimen Sehnsüchte der Menschen zu erfüllen, für sie allerdings um den Preis der eigenen Heimatlosigkeit.

**Armandes Fest**
Dieser Mission entsprechend, werden auch die Protagonisten der Geschichte von ihrer Last befreit und gewinnen neue Lebensfreude. Anlässlich von Armandes 70. Geburtstag feiern sie ein Fest - ein sinnenfreudiges Spektakel, die Speisen ein Augenschmaus. Als sich die Festgesellschaft anschließend ausgerechnet auf dem Boot des angelandeten Vagabunden Roux (Jonny Depp) - auch er ein Fremder– zum ausgelassenen Tanzen versammelt, sieht der Bürgermeister, der das Geschehen aus der Ferne beobachtet, seinen Feldzug gegen das sündhafte Treiben verloren. Voll Entsetzen

raunt er seinem Begleiter zu: „Es muss etwas geschehen!" Ob unbedachte Äußerung oder Aufruf zum Pogrom: Es kommt, wie es kommen muss. In der Nacht wird auf das Schiff der Fremden ein Anschlag verübt. Das Schiff wird in Brand gesetzt. Zwar stellt sich heraus, dass niemand zu Schaden gekommen ist, dennoch herrschen großes Entsetzen und Ratlosigkeit.

Vom Entsetzen gepackt brechen bei Vianne alte Wunden auf. Wieder einmal steht Aufbruch und Abschied an. Der Nordwind kommt auf, versucht sie weiter zu treiben, wie schon so oft. Es scheint, als könne sie sich auch diesmal nicht vom Auftrag der Ahnen befreien, komme nicht aus den negativen Aspekten des Mutterkomplexes heraus – verstoßend und doch festhaltend. Ihr Kampf um Befreiung blieb bislang gut verborgen, aber konfrontiert mit dem Schmerz, spitzt er sich dramatisch zu.

Zwar ist der Comte, was Strenge und Moral betrifft, ein Gegenspieler Viannes. Doch je länger je mehr wird deutlich, dass auch er in der Tradition seiner Altvorderen gebunden ist. Steht bei Vianne der Nordwind sinnbildlich für das Getriebensein im Auftrag der Ahnen, so kann bei Comte de Reynaud das auf dem zentralen Kirchplatz stehende Monument als solches gesehen werden, das riesige Standbild eines Vorfahren, der vor langer Zeit im Kampf gegen Ketzerei und Häresie die Hugenotten aus dem Ort vertrieben hat. So lebt auch der Comte, ähnlich wie Vianne, im Schatten seiner Vorfahren und dies in des Wortes wahrer Bedeutung.

**Zweifache Befreiung**
Alle Anstrengungen des Bürgermeisters, Sitte und Tugend zu retten, sind gescheitert, der Frieden in seinem Städtchen endgültig in Frage gestellt. Angesichts dessen packt ihn die blanke Wut. Der vermeintliche Auslöser allen Übels muss ausgemerzt werden: die Chocolaterie samt ihren Schätzen. Deshalb steigt er höchstpersönlich des Nachts in den Laden ein, wo er in rasendem Zorn alles kurz und klein schlägt. Szenen, wüst und erschreckend, aber

auch grotesk, humorvoll und mit einer Brise Schadenfreude. Denn bei dieser Orgie der Wut und Destruktion schluckt der Comte unversehens ein Stückchen der verhassten Schokolade – diesem Symbol der Versuchung, der Zuneigung und Wertschätzung. Und er kommt auf den Geschmack, mehr noch, die Wutorgie schlägt um in eine des gierigen Genusses.

Völlig erschöpft von diesem Triebdurchbruch fällt er in einen tiefen (heilenden) Schlaf, und wird am nächsten Morgen im Schaufenster liegend vom Pfarrer Père Henri und von Vianne gefunden. Was Wunder, dass er sich nicht nur schämt, auch er ist verzaubert, seine Verbitterung schmilzt wie Viannes Schokolade, die Fassade beginnt zu bröckeln.

Auch Vianne hat den Drang zu handeln. Überstürzt will sie die Stadt bei Nacht und Nebel verlassen. Hastig wird der Koffer gepackt, die Tochter zur Eile gemahnt. Anouk aber will nicht fort und wehrt sich mit Händen Füßen dagegen. Mitten in diesem Handgemenge öffnet sich der Koffer, und die tönerne Urne mit der Asche ihrer Mutter, die Vianne immer

mit sich herumgetragen hat, fällt heraus und zerschellt am Boden. Vianne steht wie angewurzelt, wie gelähmt und versteinert, was die Kamera in einer langen Einstellung eindrücklich festhält. Das Kind, des unsteten Lebens leid, spürt seit langem die Last des Fluches, des Getriebenseins und lehnt sich dagegen auf. Durch die Kraft der kindlichen Auflehnung werden in Vianne schmerzhafte Erinnerungen an die eigene leidvolle Kindheit geweckt, und plötzlich bricht Sehnsucht auf nach Liebe, Freundschaft und Beziehung, nach Aufgeben des ewigen Weiterziehens. Zwar noch ganz

im Bann des Schreckens, kratzt das Mädchen die Asche zusammen, doch die Urne, Sinnbild des Fluches, ist zerbrochen.

Auch wenn der listige Nordwind immer noch lockt mit Städten, die noch zu besuchen sind, von Freunden in Not, von Kämpfen, die es noch auszufechten galt, widersteht ihm Vianne, und eines Tages gelingt es ihr, ihm die Asche anzuvertrauen, so dass er sie mit nimmt, zurück ins Reich der Toten.

*Und so kam es, dass der Nordwind es leid wurde*
*und seines Weges zog.*
*Der Sommer kam und mit ihm eine leichte und*
*warme Brise aus dem Süden.*

*Es war einmal...*
Fürwahr eine Geschichte mit der heilsamen Kraft eines Märchens.

„Chocolat" ist als DVD im Handel erhältlich

**Dieter Volk**
Analytischer Kinder- und Jugendlichen-Psychotherapeut, Dozent am C. G. Jung-Institut Stuttgart. Dort Initiator der Veranstaltungsreihe „Film im Keller".

# Impressum

Jung-Journal
Forum für Analytische Psychologie
und Lebenskultur
Jahrgang Heft 38, September 2017
ISSN: 1867-4690 ISBN: 978-3-939322-38-2

**Herausgeber**
C. G. Jung-Gesellschaft Stuttgart Alexanderstr. 92, 70182 Stuttgart

**Bankverbindung**
opus magnum, Postbank, BLZ 60010070
Konto-Nr. 570344702
IBAN: DE60 6001 0070 0570 3447 02
BIC: PBNKDEFF

**Erscheinungsweise, Abo, Vertrieb**
Halbjährliches Erscheinen im März und September
Ein Jahresabonnement mit 2 Heften kostet € 15,- incl. Versandkosten. Bestellungen über:
Internet: www.jung-journal.de
E-Mail: mail@jung-journal.de
Postadresse: opus magnum
Hirsauer Str. 39, 70569 Stuttgart

**Redaktion**
Prof. Dr. Lutz Müller, Anette Müller,
Margarete Leibig, Bernd Leibig, Dieter Volk

**Beiratsmitglieder der C. G. Jung-Gesellschaften**
Dr. Irene Berkenbusch (ISAP Zürich)
Dolores Henke (CGJ-Forum Freiburg)
Esther Böhlcke (CGJ-Gesellschaft Hannover)
Dr. Renate Daniel (CGJ-Institut Küsnacht)
Christiane Neuen (CGJ-Gesellschaft Köln)
Susanne Lindtberg (Psychologische Gesellschaft Basel)
Volker Münch (CGJ-Gesellschaft München)
Dieter Schnocks (CGJ-Gesellschaft Stuttgart)
Dr. Andreas Schweizer (Psychologischer Club Zürich)

**Layout**
Lutz Müller, Barbara Fischer

**Texte zwischen den Artikeln**
Lutz Müller, Anette Müller

**Bildnachweise**
Wenn nicht anders angegeben stammen alle Abbildungen aus lizenzfreien Quellen des Internet. Titelseite: Superlime. Stockfoto-ID: 304240067, S. 2 und Veranstaltungshintergrund: shutterstock_ID 156297122

**Webmaster**
Walter Fleritsch

**Druck**
Kohlhammer Stuttgart

**Verlag**
opus-magnum, Stuttgart, www.opus-magnum.de

Die Inhalte der Artikel geben nicht unbedingt die Meinung der Redaktion wieder. Für unverlangt eingesandte Manuskripte übernehmen wir keine Haftung.